I0446526

MAGIS DE DIREITO

DEBATES JURÍDICOS CONTEMPORÂNEOS

VOLUME **UM**

G963
2023

Magis de Direito: debates jurídicos contemporâneos/ Afonso Vinício Kirschner Fröhlich
... [et al.]; coordenado por Clayton Douglas Pereira Guimarães, Glayder Daywerth Pereira Guimarães.
Seattle: Independently Published, 2023.
184 p.; 15,24cm x 22,86cm.

ISBN: 979-8864584-05-7

1. Direito. 2. Direito Contemporâneo. I. Fröhlich, Afonso Vinício Kirschner. II. Ben-Hur Klaus Cuesta Duarte. III. Bruno Marini. IV. Caio César do Nascimento Barbosa. V. Camila Maués dos Santos Flausino. VI. Carolina Quinelato da Costa. VII. Clayton Douglas Pereira Guimarães. VIII. Éverton Luís Marcolan Zandoná. IX. Fernanda Las Casas. X. Guilherme Christen Möller. XI. Glayder Daywerth Pereira Guimarães XII. Jéssica Luana de Oliveira Vilaça. XIII. John Juan Silva. XIV. Joyce Ferreira de Melo Marini. XV. Júlio Moraes Oliveira XVI. Luciana Simon de Paula Leite. XVII. Marcelo Gonçalves. XVIII. Pietra Daneluzzi Quinelato. XIX. Rafael de Deus Garcia. XX. Sarah Batista Santos Pereira.

CDD: 340 / CDU: 340

CLAYTON DOUGLAS
PEREIRA GUIMARÃES
GLAYDER DAYWERTH
PEREIRA GUIMARÃES
ORGANIZADORES

MAGIS DE DIREITO

DEBATES JURÍDICOS CONTEMPORÂNEOS

VOLUME **UM**

Magis de Direito:
debates jurídicos contemporâneos

2023 © Associação Guimarães de Estudos Jurídicos

Coordenadores: Clayton Douglas Pereira Guimarães, Glayder Daywerth Pereira Guimarães

Autores: Afonso Vinício Kirschner Fröhlich, Ben-Hur Klaus Cuesta Duarte, Bruno Marini, Caio César do Nascimento Barbosa, Camila Maués dos Santos Flausino, Carolina Quinelato da Costa, Clayton Douglas Pereira Guimarães, Éverton Luís Marcolan Zandoná, Fernanda Las Casas, Guilherme Christen Möller, Glayder Daywerth Pereira Guimarães, Jéssica Luana de Oliveira Vilaça, John Juan Silva, Joyce Ferreira de Melo Marini, Júlio Moraes Oliveira, Luciana Simon de Paula Leite, Marcelo Gonçalves, Pietra Daneluzzi Quinelato, Rafael de Deus Garcia, Sarah Batista Santos Pereira

Associação Guimarães de Estudos Jurídicos

Seattle – U.S.
Email: contato.agej@hotmail.com
Website: agej.com.br
Instagram: @agej.oficial

"A ofensa ao meu direito é a ofensa e a negação do direito como tal, sua defesa é a defesa e o restabelecimento do direito em sua totalidade".

– Rudolf Von Ihering
A luta pelo Direito (1987)

V

AGRADECIMENTOS

Prezados Leitores e Colaboradores,

Neste *opus* que ora temos a honra de introduzir os agradecimentos, é com humildade e gratidão que abrimos nossos corações para expressar os nossos sinceros agradecimentos a todos aqueles que contribuíram para tornar esta obra uma realidade, resultando na confluência de conhecimento e sabedoria que agora compartilhamos com a comunidade jurídica do Brasil.

Primeiramente, dirigimos nossos pensamentos e sentimentos à divindade, o princípio supremo da sabedoria, cuja orientação e inspiração divina sempre nos acompanharam ao longo desta jornada intelectual. Em deferência a Deus, fonte de todas as coisas, reconhecemos sua providência e graça que nos sustentaram durante o processo de criação deste livro, concedendo-nos discernimento e força para enfrentar os desafios que surgiram.

Aos ilustres autores que, provenientes dos mais diversos recantos do nosso vasto Brasil, enriqueceram este compêndio com suas perspectivas e conhecimentos únicos, rendemos nossa profunda admiração e gratidão. Cada um de vós trouxe uma valiosa contribuição para a compreensão e a análise do Direito, demonstrando profunda riqueza e diversidade de pensamento.

Por fim, mas de forma alguma menos importante, nossa gratidão se estende aos prezados leitores, que com vossa dedicação à busca do conhecimento e ao estudo do Direito, dão sentido a esta obra. É para vós que este livro foi concebido, com a esperança de que ele seja uma fonte de orientação, inspiração e reflexão em vossas jornadas acadêmicas e profissionais.

Que esta compilação de ideias e análises jurídicas possa servir como uma ferramenta enriquecedora para todos os estudiosos do Direito, para aqueles que se dedicam à administração da justiça e àqueles que buscam conhecer seus próprios direitos.

Que nossos agradecimentos, aqui expressos, ecoem como um tributo à divindade, ao conhecimento dos autores e ao zelo dos leitores que compartilham conosco o compromisso com a busca do entendimento e aprimoramento do Direito.

Com profunda gratidão e estima,

Conselho Editorial do Magis - Portal Jurídico

NOTA DE APRESENTAÇÃO

A obra que ora se apresenta, intitulada "Magis de Direito: debates jurídicos contemporâneos", mergulha nas complexidades e nas sutilezas da ciência jurídica, demonstrando de forma eloquente a sua imensa importância no tecido social contemporâneo. Este livro destina-se não apenas a juristas e estudantes de Direito, mas a todos aqueles que buscam compreender como o direito permeia e influencia todas as esferas de nossa vida cotidiana.

A sociedade contemporânea é intrinsecamente ligada ao ordenamento jurídico que a sustenta, molda e protege. O direito não é uma disciplina distante e inacessível, mas uma força dinâmica que afeta todos os aspectos de nossas vidas, desde as transações comerciais mais simples até os casos jurídicos mais complexos. Ele é um sistema de regras e princípios que regem nosso comportamento, nossos relacionamentos, nossas obrigações e nossos direitos.

A presente obra, dedicada ao campo do Direito Contemporâneo, busca aprofundar a compreensão das intrincadas relações entre o Direito e a vida cotidiana das pessoas na sociedade. O Direito, como sistema normativo que regulamenta as interações humanas, manifesta-se de maneira ubíqua, exercendo um impacto substancial em todas as esferas da vida social.

No contexto atual, a complexidade das relações interpessoais e a crescente interconexão global colocam desafios singulares diante do Direito. Este livro examina como o Direito é um elemento central na organização da sociedade contemporânea, influenciando desde as transações comerciais e relações contratuais até questões fundamentais de justiça social, direitos humanos e governança.

O estudo do Direito Contemporâneo exige uma abordagem multidisciplinar, incorporando não apenas os aspectos tradicionais do Direito, mas também considerando a interação com campos como a sociologia, a economia, a política e a ética. A obra procura, portanto, transcender as fronteiras disciplinares para oferecer uma visão abrangente e atualizada do papel do Direito na vida das pessoas.

Ao examinar a interface entre o Direito e a vida cotidiana, este livro se propõe a explorar não apenas a dimensão normativa, mas também as implicações práticas e sociais das leis e regulamentos. Isso inclui a análise das questões contemporâneas que moldam o Direito, como as tecnologias emergentes, os desafios ambientais, as dinâmicas econômicas globais e as transformações culturais.

Além disso, a obra reconhece que o Direito contemporâneo não se limita ao âmbito nacional, mas se estende para além das fronteiras geográficas. A globalização e a interdependência entre nações exigem uma análise cuidadosa das relações jurídicas internacionais e da influência do Direito internacional na vida das pessoas.

Nesse sentido, esta obra de Direito Contemporâneo pretende oferecer uma análise aprofundada e interdisciplinar sobre como o Direito se insere na vida das pessoas em uma sociedade cada vez mais complexa e globalizada. Por meio de uma abordagem acadêmica rigorosa e atual, busca-se proporcionar aos leitores uma compreensão mais profunda e abrangente do papel do Direito na vida cotidiana e nas dinâmicas sociais do século XXI.

Os capítulos desta obra são de autoria dos colunistas do Portal Jurídico Magis, especialistas em diversas áreas do Direito, que contribuíram com seus conhecimentos e experiências ao longo do ano de 2023. Os textos aqui apresentados representam uma compilação cuidadosamente selecionada das contribuições desses colunistas, que abordam temas relevantes e atuais do Direito contemporâneo. Cada capítulo reflete o compromisso desses autores em analisar e discutir questões jurídicas fundamentais que moldam a nossa sociedade, fornecendo perspectivas valiosas e insights críticos para os leitores interessados em compreender a interseção entre o Direito e a vida das pessoas neste contexto específico.

Esperamos que a leitura desta obra seja altamente benéfica a todos nossos leitores, proporcionando-lhes uma oportunidade única de absorver conhecimento, (re)pensar a sociedade em que vivemos e cultivar uma visão crítica e analítica do Direito contemporâneo. Acreditamos que as reflexões, análises e insights contidos nestas páginas não apenas enriquecerão o entendimento do Direito, mas também estimularão discussões construtivas sobre como a evolução jurídica pode contribuir para um mundo mais justo, equitativo e harmonioso. Nossos sinceros desejos são que os leitores se sintam inspirados a se engajar ativamente no debate sobre os desafios e possibilidades do Direito na sociedade contemporânea, contribuindo assim para um futuro mais promissor.

Conselho Editorial do Magis - Portal Jurídico

SUMÁRIO

AGRADECIMENTOS VI

NOTA DE APRESENTAÇÃO IX

SUMÁRIO XIII

1. PRESCRIÇÃO INTERCORRENTE TRABALHISTA: PERDA DE UM DIREITO?

Carolina Quinelato da Costa .... 1 –12

2. TEMPO COMO ESTAGIÁRIO CONTA PARA A APOSENTADORIA?

Ben-Hur Klaus Cuesta Duarte .... 13 – 21

3. A PRECARIZAÇÃO DA RELAÇÃO JURÍDICA LABORAL: A INVERSÃO DO RISCO NEGOCIAL COMO MECANISMO DE PERPETUAÇÃO DE DEPENDÊNCIA LABORAL

John Juan Silva .... 13 – 21

4. PRINCÍPIO DA IGUALDADE SUBSTANCIAL E MULHER NO MERCADO DE TRABALHO

Luciana Simon de Paula Leite .... 23 – 32

5. A VIOLÊNCIA DE GÊNERO COMO FORMA DE VIOLAÇÃO AOS DIREITOS HUMANOS

Sarah Batista Santos Pereira .... 33 – 50

6. PRIVACIDADE, INDIVIDUALISMO E AUTORITARISMO DE ESTADO: AS ARMADILHAS POSTAS NO PROCESSO PENAL PARA NÃO FAZER VALER O DIREITO À INTIMIDADE

Rafael de Deus Garcia .... 51 – 60

7. A VÍTIMA NO PROCESSO PENAL BRASILEIRO SOB O MODELO INQUISITIVO REFORMADO

Camila Maués dos Santos Flausino .... 61 – 71

8. O EUGENISMO, O HOLOCAUSTO E O CÓDIGO DE NUREMBERG COMO ANTECEDENTES DO SURGIMENTO DA BIOÉTICA E DO BIODIREITO

Bruno Marini .... 73 – 82

9. DIREITOS DE NACIONALIDADE À LUZ DA CONSTITUIÇÃO DA REPÚBLICA FEDERATIVA DO BRASIL DE 1988

Joyce Ferreira de Melo Marini .... 83 – 89

10. PONTUAÇÕES SOBRE AS FASES METODOLÓGICAS DO PROCESSO: BASES PARA O INÍCIO DO ESTUDO DO E SOBRE O DIREITO PROCESSUAL

Guilherme Christen Möller .... 91 – 104

11. ALIENAÇÃO PARENTAL E SUA CONEXÃO COM ARISTÓTELES E O MITO DO AMOR MATERNO

Fernanda Las Casas .... 105 – 109

12. LAWFARE, ESG E COMPLIANCE

Marcelo Gonçalves .... 111 – 122

13. METAVERSO E A PUBLICIDADE COMPORTAMENTAL

Pietra Daneluzzi Quinelato .... 123 – 125

14. A NECESSIDADE DO ALARGAMENTO INFORMACIONAL NO MERCADO DE CONSUMO DE NFT

Clayton Douglas Pereira Guimarães e *Glayder Daywerth Pereira Guimarães* .... 127 – 138

15. A PRÁTICA ABUSIVA DE OMITIR O PREÇO DOS PRODUTOS NA OFERTA E PUBLICIDADE NAS REDES SOCIAIS

Júlio Moraes Oliveira .... 139 – 148

16. A TECNOLOGIA SUPERANDO O PROCESSO? A AUTOEXECUÇÃO DOS SMART CONTRACTS

Afonso Vinício Kirschner Fröhlich e *Éverton Luís Marcolan* Zandoná .... 149 – 151

17. CASO LARISSA MANOELA: A NECESSIDADE DA CRIAÇÃO DE LEGISLAÇÃO ESPECÍFICA PARA GARANTIR O MELHOR INTERESSE PATRIMONIAL DA CRIANÇA E DO ADOLESCENTE
Caio César do Nascimento Barbosa e *Jéssica Luana de Oliveira Vilaça*
.... 153 – 160

FOCO NO TRABALHO

PRESCRIÇÃO INTERCORRENTE TRABALHISTA: PERDA DE UM DIREITO?

1

Carolina Quinelato da Costa[1]

1   CONSIDERAÇÕES INICIAIS

No direito do trabalho brasileiro há a busca pela razoável duração do processo, pautada no constante questionamento de como dar efetividade aos direitos trabalhista reconhecidos e conquistados, assim como garantir acesso fácil e ágil à Justiça.

As execuções trabalhistas se arrastam por longos períodos, se afastando dessa forma dos princípios e fim almejado pelo direito do trabalho. O judiciário utiliza das ferramentas viáveis, entretanto, muitas vezes, sem sucesso.

Neste panorama há que se analisar a prescrição a ser aplicada durante o processo, na fase de execução, a denominada prescrição intercorrente, a qual tem como um dos seus pilares a razoável duração do processo.

Com a Lei 13.467/17 houve a determinação expressa em relação a aplicação da referida prescrição, porém far-se-á necessário analisar o impacto dessa aplicação.

A afirmação de que o Poder Judiciário brasileiro se encontra estrangulado, atrasado e cada vez mais assoberbado com os inúmeros processos e execuções infrutíferas é reafirmar a longa e inconclusiva

---

[1] Sócia do escritório De Paula Machado Advogados Associados, formada pela Universidade Estadual de Londrina, pós graduada em Direito Empresaria pela Universidade Estadual de Londrina, Direito do Trabalho e Processo do Trabalho pela PUC-SP e especializada em direito digital e compliance pelo Instituto Damásio.

discussão em relação à necessidade de instrumentos processuais ou mesmo procedimentais para sanar tais letargias.

O ilustre jurista Rui Barbosa[2] resumiu brilhantemente o atraso encontrado na justiça concluindo que *a justiça atrasada não é justiça, senão injustiça qualificada e manifesta"*.

No presente estudo buscou-se analisar todos os aspectos que permeiam e abrangem a referida prescrição, fugindo da análise do aspecto meramente formal e positivista, destacando os posicionamentos adotados pelos doutrinadores e pelos Tribunais.

É de insofismável importância a explanação de todos os aspectos gerais e peculiares dessa prescrição, abordando-se para tanto a legislação em vigor, a ínfima doutrina e decisões jurisprudenciais. Para tanto se utilizou o método dedutivo, entretanto, ressaltando os díspares argumentos existentes, o que ensejaria concomitantemente a utilização do método dialético.

Sem a pretensão de esgotar o tema, o que demandaria inúmeras análises sociais e jurídicas, mas sim com o intuito de ser mais um instrumento para ampliar os estudos e análise sobre a matéria, apresentando todos os aspectos que garantem a aplicabilidade da prescrição intercorrente, assim como os que a afastam do fim social da justiça do trabalho.

Apresenta-se o posicionamento considerado compatível com o processo trabalhista e realidade nacional, com o escopo de contribuir, de alguma forma para que a justiça tardia se torne efetivamente justiça, sem que o credor seja o maior injustiçado.

2 PRESCRIÇÃO

A prescrição é conceituada de forma geral e simplória, como a perda do direito de ação pelo transcurso do tempo.

O dicionário jurídico de Maria Helena Diniz conceitua prescrição como *a extinção da ação por inércia de seu titular, que não a exerce in opportuno tempore, fazendo escoar o prazo legal.*[3]

---

[2] BARBOSA, Rui. Oração aos Moços, 1921.

[3] DINIZ, Maria Helena. **Dicionário Jurídico**. Vol 3. São Paulo: Saraiva, 1998. p. 688.

A prescrição se configura não apenas pela perda do direito de ação em decorrência do transcurso do tempo, mas também pela perda de exigibilidade da pretensão do direito, podendo ser declarada em qualquer momento no processo, inclusive *exofficio* pelo juiz (artigo 878 da CLT).

A prescrição aplicada atualmente está pautada no artigo constitucional 7, XXIX, que disciplinada a regra geral, na qual os trabalhadores têm até dois anos da extinção do pacto laboral para interpor a ação trabalhista, podendo ser reivindicados apenas os créditos dos cinco anos anteriores ao ajuizamento da ação.

O referido instituto processual tem como um de seus fundamentos primordiais a proteção daquele que não é devedor e não pode mais ter prova de inexistência da dívida, em decorrência das provas perecíveis, dispersas ou até mesmo impossível.

Aliás, o princípio norteador da prescrição, o qual embasa inclusive a aplicação da prescrição intercorrente, é o princípio da razoável duração do processo previsto no artigo 5º LXXXVIII da Constituição Federal.

O referido princípio tem por escopo sanar a indignação e frustração da sociedade perante a busca aflita pelo letárgico Poder Judiciário.

Observa-se que a razoabilidade dos prazos processuais está conectada ao trinômio proporcionalidade, instrumentalidade e razoabilidade, ou seja, não se pode permitir um prazo tão dilatado que protele a prestação jurisdicional, assim como o prazo não pode ser tão exíguo que não satisfaça integralmente o direito ou mesmo afete o contraditório e a ampla defesa.

No entanto, ao analisar a expressão "duração razoável" é impossível delimitar, de maneira incontroversa, o alcance da norma jurídica, sendo necessário verificar o caso concreto.

O doutrinador Fabiano Carvalho avalia o prazo razoável do processo sob o seguinte enfoque:

> Por se um conceito jurídico indeterminado ou aberto, e de caráter dinâmico, o prazo razoável requer um processo intelectivo individual de acordo com a natureza de cada caso.

Isso quer dizer que não existe um limite exato acerca dos contornos do conceito. [4]

Na seara trabalhista o referido princípio corroborou com a aplicação da prescrição intercorrente, o que será tratado em item específico.

A duração razoável do processo está pautada em algumas características como a: universalidade, na qual todos os indivíduos têm direito a um processo célebre, cujo julgamento ocorra com imparcialidade e por juiz competente; irrenunciabilidade, os titulares dessa garantia não podem dela dispor; limitabilidade, no qual com base no princípio da proporcionalidade haverá a resolução do conflito existente entre o princípio da celeridade e o princípio do contraditório e ampla defesa e enfim, a cumulatividade, tendo em vista que a garantia a um processo de duração razoável pode ser cumulada com outras garantias.

Portanto, ao tratar de princípio da duração razoável do processo não se imputa a celeridade processual desvairada, sem observância dos demais princípios, mas sim se busca uma prestação à tutela eficiente, com uma possibilidade efetiva de correção ao desrespeito à ordem jurídica.

Não obstante o direito à razoável duração do processo se tratar de um direito fundamental, e a tutela jurisdicional não poder ser efetiva se for prestada com morosidade, há que se analisar o real intuito desse princípio, não se olvidando do efetivo fim da Justiça do Trabalho, o fim social.

3   PRESCRIÇÃO DECRETADA DE OFICIO

A Lei 11.280 de 16 de fevereiro de 2006 alterou o parágrafo 5º do artigo 219[5] do Código de Processo Civil, permitindo que o magistrado

---

[4] CARVALHO, Fabiano. **Emenda Constitucional 45: Reafirmação da garantia da razoável duração do processo**. Escola Paulista de Direito – EPD, São Paulo, mai. 2006. Disponível em http://www.epdireito.com.br/epd/publier4.0/dados/anexos/259_4.pdf Disponível em 15 de maio 2011.

[5] Artigo 219, §5º O juiz pronunciará, de ofício, a prescrição

declare de ofício a prescrição, não havendo qualquer restrição à espécie de prescrição, com o escopo de tornar os processos cada vez mais ágeis.

No entanto, a 4ª Turma do Tribunal Superior do Trabalho (RR 1001209-25.2017.5.02.0708) entendeu que na Justiça do Trabalho é inaplicável subsidiariamente tal determinação, devendo ser provocada pelas partes, exceto em caso da parte se incapaz.

A Súmula 153 do Tribunal Superior do Trabalho determina que não se conhece a prescrição se não for arguida na instância ordinária.

Destaca-se que por ser a prescrição prevista no artigo 7º, inciso XXIX da Constituição Federal passa ter natureza de matéria cogente, de ordem pública, portanto, deve ser reconhecida de ofício, o que é corroborado pelo artigo 5º, inciso LXXXVIII da Constituição Federal.

No caso da prescrição intercorrente, esta deverá estar condicionada a observância do contraditório, a fim de que se permita barrá-la ou mesmo renunciá-la, conforme previsto no artigo 191 do Código Civil concomitante com o artigo 8º da CLT.

Observa-se que mesmo não havendo mais a possibilidade de o juiz iniciar a execução de ofício ou impulsioná-la após a reforma trabalhista, este pode decretar a prescrição objeto desse artigo.

A corrente doutrinária que recusa a aplicação da prescrição de ofício no processo do trabalho se baseia na assertiva de que a medida é incompatível como princípio da proteção. Para Zéu Palmeira Sobrinho:

> Tal argumento não parece convincente, eis que no ordenamento jurídico o princípio da proteção não está alheio a celeridade dos atos processuais, algo que se torna palpável apenas num sistema capaz de eleger prioridades baseadas em parâmetros temporais. Ademais, há argumentos relevantes para se defender a prescrição de ofício, a saber: a possibilidade de efetivação do princípio da equidade e da defesa do interesse público.[6]

A faculdade do juiz de pronunciar a prescrição de ofício, no contexto do princípio da razoabilidade, deve ocorrer nas hipóteses de prevalência do interesse público e de equidade, tornando-se necessária a sua decretação nos casos que envolvam o patrimônio público, nas ações

---

[6] SOBRINHO, Zéu Palmeira. **Prescrição Trabalhista e Previdenciária.** São Paulo: LTr, 2010. p.54

trabalhistas em que a inércia do devedor pode resultar em discriminação contra outros credores que não figuram no pólo ativo; nas ações em que o demandado e o microempresário, e por evidente hipossuficiência econômica e suposta ignorância, deixa de suscitar a prescrição, dentre outros.

A prescrição de ofício deveria ser uma alternativa do julgador para agir equitativamente e não uma imposição, aplicando-a quando considerar prudente ou menos lesivo ao processo.

Aliás, não há qualquer texto legal que torne a sentença nula diante da ausência de pronúncia em relação à prescrição de ofício, o que impõe a natureza de faculdade e não de dever.

4   PRESCRIÇÃO INTERCORRENTE

Na acepção gramatical pura da palavra, intercorrente é aquilo "que se mete de permeio, que sobrevém enquanto outra coisa dura". [7].

Para Maurício Godinho Delgado "intercorrente é a prescrição que flui durante o desenrolar do processo"[8], não havendo, portanto, diferenciação entre a fase de conhecimento e a fase de execução, distinto da definição adotada por Sérgio Pinto Martins, o qual afirma que:

> A prescrição intercorrente é a que ocorre no curso da execução, depois do trânsito em julgado (...). A prescrição intercorrente visa evitar a perpetuação da execução (...)[9]

Para Renato Saraiva a "prescrição intercorrente é a que se dá no curso da ação, em razão da paralisação ou não realização de atos do processo executivo". [10] Por fim, José Manoel Arruda Alvim a conceitua como:

---

[7] HOLANDA, Aurélio Buarque Ferreira de. **Dicionário Aurélio Eletrônico - Século XXI**. Rio de Janeiro: Nova Fronteira, 2009. CD-ROM.
[8] DELGADO, Maurício Godinho. **Curso de Direito do Trabalho.**7ª ed. São Paulo: LRT, 2008, p.277.
[9] MARTINS, Sérgio Pinto. **Comentários às Súmulas do TST**. 4ª ed. São Paulo: Atlas, p.78
[10] SARAIVA, Renato. **Curso de Direito Processual do Trabalho**. 6ª ed. São Paulo: Método, 2009.p.668.

> Aquela relacionada com o desaparecimento da proteção ativa, no curso do processo, ao possível direito material postulado, expressado na pretensão deduzida; quer dizer, é aquela que se verifica pela inércia continuada e ininterrupta no curso do processo por seguimento temporal superior àquele em que ocorre a prescrição em dada hipótese. [11]

Portanto, transpondo a partir da definição gramatical e análise da conceituação doutrinária, vislumbra-se que o conceito de prescrição intercorrente se refere à inércia de manifestação do credor em relação aos atos exclusivos que lhe competiam, durante o período prescricional de dois anos, na fase de execução do processo trabalhista.

A contagem do prazo dos dois anos é um dos obstáculos apresentados na discussão da referida prescrição, entretanto, o intuito é evitar a paralisação do processo por ausência de manifestação da parte.

A atuação do tempo para a prescrição intercorrente é fundamental. Portanto, só a partir da inércia, quando o ato dependesse exclusivamente do autor, durante o prazo superior ao inicialmente mencionado é que ocorreria a referida prescrição.

Atualmente não há mais a discussão sobre a sua aplicabilidade ou não na seara trabalhista, diante da Súmula 327 do STF e do artigo 11-A da CLT e parágrafos, entretanto, questiona-se se aplacar o direito do credor, em decorrência da impossibilidade, até mesmo de conhecimento, de meios para prosseguir a execução não geraria a perda do direito.

A resposta parece óbvia, a parte não pode ser prejudicada por não estar ciente ou até mesmo familiarizada com os mecanismos de buscas que a Justiça do Trabalho dispõe, cabendo ao juízo impulsar a execução, a fim de evitar que o credor veja seu crédito simplesmente desaparecendo.

O questionamento sobre como e quando recomeçaria a correr a prescrição, encontra resposta no artigo 921, §1º e §4º do Código de Processo Civil o qual determina que ultrapassado o prazo de um ano de suspensão do procedimento executivo a que se refere o este artigo, começa automaticamente a correr o prazo de prescrição intercorrente.

---

[11] ALVIM, José Manoel Arruda. **Da prescrição intercorrente**. In Prescrição no Código Civil: uma análise interdisciplinar. Coordenadora Mirna Ciani. 2ª.ed. São Paulo: Saraiva, 2006, p.34.

Deve-se evitar a confusão muito comum entre prescrição intercorrente no processo de execução com a prescrição da pretensão executória trabalhista, conforme mencionado por Marcelo Rodrigues Prata, o qual alerta que:

> Assim, partindo da premissa da autonomia do processo de execução trabalhista em relação ao processo de conhecimento, entendemos que a **prescrição intercorrente** ocorre depois de o processo de execução haver sido iniciado, ou seja, durante o seu curso, por abandono do credor.
>
> Já a **prescrição da pretensão executória trabalhista** acontece quando o credor deixar passar em branco o prazo de dois anos para iniciar a execução, contados do dia em que teve ciência do trânsito em julgado da sentença de cognição, da homologação do acordo judicial ou da lavratura do termo de conciliação pela CCP sem ajuizar a ação executiva trabalhista.[12]

Portanto, o prazo da prescrição intercorrente na fase de execução por culpa do autor, em regra seria de dois anos. Se decorrido o prazo de um ano sem localizar-se o devedor ou sem encontrar bens penhoráveis o processo seria arquivado provisoriamente, e então, a partir dessa data reiniciaria a fluência do prazo restante da prescrição.

A contagem de prazos obedece às determinações contidas nos artigos 774 e 775 da CLT, ou seja, os prazos se contam a partir da data em que a intimação for realizada pessoalmente ou daquela em que for publicado o expediente da Justiça do Trabalho em diário oficial.

A prescrição, em seu aspecto geral, exige dois requisitos: inércia do titular perante a violação de um direito e o decurso do tempo estabelecido em lei. No que se refere à prescrição intercorrente há alguns requisitos a serem analisados:

1.   Processo em curso com citação válida: trata-se do requisito fundamental para caracterizar a prescrição em questão, pois sem esta não estará devidamente formada a relação processual, gerando inclusive nulidade absoluta;

2.   Inércia do autor, fomentando a paralisação processual;

---

[12] PRATA, Marcelo Rodrigues. **Prescrição intercorrente, pronunciada de ofício, no processo de execução trabalhista.** Disponível em http//jus.uol.com.br/revista/texto/10116. Acesso em 25 de abril de 2011, 16h05.

3. Decurso do tempo estabelecido em lei: requisito necessário para a aplicação da prescrição intercorrente, incorrendo em paralisação processual.

A prescrição intercorrente pode ser comprovada pelo simples confronto de datas, matéria que, em decorrência do previsto no inciso I, do art.334 CPC, independe de prova.

Ao preencher os referidos requisitos resta-se configurada a prescrição intercorrente.

Não obstante todas as questões técnicas abordadas, remanesce a conclusão pela ausência de efetividade e aplicação da justiça, quando se refere às execuções frustradas e prescritas.

O credor, obviamente, perderá o direito ao seu crédito, em decorrência da passagem do tempo e isso contraria, de forma cruel, os dizeres mencionados inicialmente de Rui Barbosa.

5   CONSIDERAÇÕES FINAIS

O estudo em questão, diante do exposto, tem como fundamento principal analisar se a celeridade processual, escopo da prescrição intercorrente, está associada com a finalidade social, sempre pautado no princípio da proteção em consonância com o da proporcionalidade, a fim de se evitar um retrocesso social.

A prescrição intercorrente, na fase de execução, deve assegurar paz social e a segurança jurídica. Ela encontra fundamento nos princípios da liberdade de ação, da lealdade e da boa-fé, sempre observando a necessidade de cunho social dos processos trabalhistas.

No entanto, conclui-se pela ausência de cumprimento da finalidade social defendida pela Justiça social, visto que o credor perderá seu direito se no prazo de 02 anos não conseguir localizar bens do devedor.

O tema em questão trouxe uma dinâmica efetiva na Justiça do Trabalho, eis que muitas execuções foram encerradas, e os processos definitivamente arquivados pela aplicação da prescrição intercorrente, mesmo diante da ausência de quitação dos créditos do autor.

Não há como se aceitar a prescrição como um mecanismo contemporâneo de eliminação de processos, apenas com o intuito de baixar o estoque dos processos que tramitam na justiça especializada, mas sim, deve ser encarada como uma exceção.

Se a dívida do devedor não pode ser perpétua, como defende o STF e o TST, o credor, não pode ser responsabilizado e ter os seus direitos desprezados por manobras adotadas pelo devedor com o intuito de ocultar seus bens.

Na teoria tais manobras e artifícios utilizados para não quitar à execução se apresentam um tanto quanto fantasiosa, entretanto, na prática, é de conhecimento público que se tornam cada vez mais comuns e ardilosas.

O processo é essencialmente um instrumento de lealdade. Se há elementos que viabilizem a execução, esses devem ser exigidos imediatamente, não crendo, que a prescrição intercorrente faça justiça, devendo ser aplicado realmente diante da nítida inércia, mesmo existindo outros mecanismos, do credor.

Portanto, outro não pode ser o entendimento sob pena de ferir o direito garantido e julgado do credor, afastando o fim sócio-econômico da Justiça do Trabalho, o que é temerário para a sociedade, que se vê privada da segurança jurídica, harmonia e paz social.

REFERÊNCIAS

ALVIM, José Manoel Arruda. **Da prescrição intercorrente**. In Prescrição no Código Civil:uma análise interdisciplinar. Coordenadora Mirna Ciani. 2ª ed. São Paulo: Saraiva, 2006.

BRASIL. Constituição (1988). **Constituição da República Federativa do Brasil:** promulgada em 5 de outubro de 1988.

BRASIL. Supremo Tribunal Federal. Súmula n. 327. O direito Trabalhista admite a prescrição intercorrente. In: **Vademecum acadêmico de direito**. Organização de Anne Joyce Angher. 9.ed. São Paulo: Rideel, 2009.

BRASIL. Tribunal Superior do Trabalho. Súmula n. 114. O direito Trabalhista admite a prescrição intercorrente. In: **Vademecum acadêmico de direito**. Organização de Anne Joyce Angher. 9.ed. São Paulo: Rideel, 2009.

CARRION, Valentim. **Comentários à Consolidação das Leis do Trabalho**. 32ª ed. São Paulo:Saraiva, 2007.

CARVALHO, Fabiano. Emenda Constitucional 45: Reafirmação da garantia da razoável duração do processo. **Escola Paulista de Direito – EPD**, São Paulo, mai 2006. Disponível em http://www.epdireito.com.br/epd/publier4.0/dados/anexos/259_4.pdf. Acesso em: 15 maio 2011, 15h11.

DELGADO, Maurício Godinho. **Curso de Direito do Trabalho**. 7ª ed. São Paulo: LRT, 2008.

DINIZ, Maria Helena. **Dicionário Jurídico**. Vol. 3. São Paulo: Saraiva, 1998.

GARCIA, Gustavo Filipe Barbosa. **Curso de Direito do Trabalho**. 5ª ed. Rio de Janeiro: Forense, 2011.

EÇA, Vitor Salino de Moura. **Prescrição Intercorrente no Processo do Trabalho**. 1ª ed. São Paulo: LTr, 2008.

GIGLIO, Wagner D. Claudia Giglio Veltri Corrêa. **Direito Processual do Trabalho**. 15ª ed. São Paulo: Saraiva, 2005.

HOLANDA, Aurélio Buarque Ferreira de. **Dicionário Aurélio Eletrônico - Século XXI**. Rio de Janeiro: Nova Fronteira, 2009. CD-ROM.

LEITE, Carlos Henrique Bezerra. **Ministério Público do Trabalho: doutrina, jurisprudência e prática.** 4ª ed., São Paulo: LTr, 2010.

LENZA, Pedro. **Direito constitucional esquematizado.** 15ª ed. São Paulo: Saraiva, 2011.

LIMA, Marcos Galdino de Lima. A prescrição intercorrente na justiça do trabalho: Uma celeuma doutrinária e jurisprudencial longe do fim. Disponível em: https://bit.ly/3QaAeI8. Acesso em: 25 abr. 2011. 15h00.

MARINONI, Luiz Guilherme. **Manual do processo de conhecimento**. 5ª ed. São Paulo: RT, 2006.

MARTINS, Sérgio Pinto. **Comentários às Súmulas do TST**. 4ª ed. São Paulo: Atlas.

MIRANDA, Francisco Cavalcanti Pontes de. **Tratado de direito privado**. Pargeral. V.VI. 2.ed. Rio de Janeiro: Borsoi, 1955.

NASCIMENTO, Amauri Mascaro. **Curso de direito do trabalho**. 22ª ed. São Paulo: Saraiva, 2007.

PRATA, Marcelo Rodrigues. **Prescrição intercorrente, pronunciada de ofício, no processo de execução trabalhista**. Disponível em http//jus.uol.com.br/revista/texto/10116. Acesso em: 25abr. 2011, 16h05.

SAAD, Eduardo Gabriel. **Direito processual do trabalho**. 3ª ed. São Paulo, 2002.

SARAIVA, Renato. **Curso de Direito Processual do Trabalho**. 6ª ed.São Paulo: Método, 2009.

SOBRINHO, Zéu Palmeira. **Prescrição Trabalhista e Previdenciária**. São Paulo: LTr, 2010.

SÜSSEKIND, Arnaldo. **Convenções da OIT**. 2ª ed., São Paulo: LTr, 1998.

TEIXEIRA FILHO, Manoel Antonio. **Execução no processo do trabalho**. 8ª ed. São Paulo: LTR, 2004.

TEMPO COMO ESTAGIÁRIO CONTA PARA A APOSENTADORIA?

2

Ben-Hur Klaus Cuesta Duarte[1]

1   CONSIDERAÇÕES INICIAIS

Muitos estagiários contribuem para a previdência e planejam suas aposentadorias desde a época em que começam a estagiar.

Eles têm o propósito de receber o benefício o mais cedo possível.

E sabe por que as pessoas estagiárias estão corretas em agir dessa forma?

Porque contribuir no período de estágio e planejar a aposentadoria com antecedência não apenas é um excelente meio de se organizar.

Portanto, criei esse conteúdo para você entender melhor como o estagiário pode contribuir durante o exercício de seu trabalho.

2   COMO FUNCIONA O CONTRATO DE ESTÁGIO?

Antes de começar, preciso te explicar o que é o estágio em si.

Em linhas simples, o estágio se caracteriza como um ato educativo escolar supervisionado.

---

[1] Advogado, pesquisador e escritor. Graduado em Direito pela Universidade Federal do Paraná (UFPR). Mestre em Direito Internacional e Europeu pela Universidade Nova de Lisboa (UNL). Especialista em Direito Previdenciário pela Escola da Magistratura Federal do Paraná (ESMAFE/PR).

Ele objetiva desenvolver o aprendizado de competências de atividades profissionais do estagiário, preparando o aluno para o "mundo do trabalho" posteriormente[2].

Infelizmente, muitas empresas confundem as atividades de um estágio, com as de um empregado que tem registro na Carteira de Trabalho e Previdência Social (CTPS).

Porém, as coisas não são assim!

A primeira função de um estagiário será o aprendizado a partir da realização de atividades que aprimorem as suas competências.

É por isso que o contrato de estágio visa garantir uma formação prática do aluno, bem como uma mão de obra qualificada para a empresa contratante.

Por um lado, o aluno estará disposto a aprender toda a prática relacionada à sua área.

Por outro, a empresa contará com alguém cheio de vontade em aprender. Um estagiário disposto a colaborar com as demandas laborais do seu ambiente de aprendizado.

Deste modo, muitos locais estão sempre abertos à contratação de estagiários pelo fato de isso ser benéfico para ambas as partes de um contrato de estágio.

No entanto, admitir estagiários não é tão fácil quanto você imagina.

Será preciso cumprir uma série de exigências estabelecidas por leis, as quais garantirão o aprendizado prático do aluno.

Atenção: isso é importante para que a empresa contratante não se aproveite do estudante como um empregado CLT, de "baixo custo".

Sendo assim, é por esta razão que deverá existir o Termo de Compromisso de Estágio (TCE), com as seguintes partes envolvidas:

- empresa contratante;
- aluno (estagiário);
- instituição de ensino.

---

[2]   BRASIL. **Lei 11.788/2008.** Disponível em: https://www.planalto.gov.br/ccivil_03/_ato2007-2010/2008/lei/l11788.htm. Acesso em 31 ago. 2023.

Não esqueça: todas as partes deverão ler, atentamente, as condições do contrato antes de concordarem com o documento.

Entre os termos mais importantes do TCE, deverá constar[3]:

- objetivo do estágio;
- área do estágio;
- jornada de estágio (horário de "trabalho");
- vigência do TCE;
- responsabilidades do estagiário e da empresa;
- valores a serem pagos;
- entre outros.

Nestas contratações, a instituição de ensino precisará ficar atenta às condições do estágio. Sem contar a análise do TCE para proteger seus alunos de eventuais cláusulas abusivas.

Importante: o estágio só pode ser feito por quem está estudando (ensino médio, técnico e superior — incluindo pós-graduações).

3 O TEMPO DE ESTÁGIO CONTA PARA APOSENTADORIA?

Não.

Um TCE não assina a carteira de trabalho. Isto é, a assinatura do termo não valerá como um contrato de trabalho.

Então, todas aquelas verbas rescisórias (13°, horas extras, adicionais, etc.), estarão de fora do TCE.

Por esse motivo, não existirão contribuições previdenciárias feitas pela empresa para o estagiário.

Como não se trata de um trabalho em si (regido pela CLT), a empresa não precisará fazer o recolhimento ao INSS.

Alerta: é por isso que muitos empregadores se interessam pela contratação de estagiários.

---

[3] BRASIL. **Lei 11.788/2008**. Disponível em: https://www.planalto.gov.br/ccivil_03/_ato2007-2010/2008/lei/l11788.htm. Acesso em 31 ago. 2023.

Porém, os estagiários ainda têm os seus direitos garantidos.

Assim, se um estagiário sair do seu local de trabalho, ele receberá:

- saldo de salário (valor dos dias estagiados no mês);
- valor das férias, sem o acréscimo de ⅓, proporcionais ao tempo de estágio.

3.1 E se as atividades como estagiário forem iguais às de um trabalhador CLT?

Vale dizer que, se as atividades do estagiário forem iguais às de um trabalhador CLT da empresa, o aluno poderá pedir o reconhecimento de vínculo empregatício na Justiça do Trabalho.

Se houver esse reconhecimento, o estagiário poderá receber um bom valor.

Principalmente, por existir a possibilidade de equiparação salarial com alguém da empresa que exerce as mesmas atividades.

Ainda, o aluno terá direito a usufruir de todos os benefícios trabalhistas, tais como:

- pagamento de FGTS;
- 13º salário;
- adicionais (periculosidade, insalubridade, dentre outros);
- entre outros.

4 ESTÁGIO E ALUNO APRENDIZ, SÃO A MESMA COISA?

Não.

Como disse, para ser um estagiário, a pessoa deverá estar estudando.

Contudo, também existe a figura do aluno ou menor aprendiz.

O estágio estimula a preparação do aluno para o mercado de trabalho, podendo ser até parte do currículo do curso.

Já o aluno aprendiz estará em um programa de aprendizagem para a formação técnico-profissional que visa ao seu desenvolvimento físico, moral e psicológico.

O aluno aprendiz também deverá, obrigatoriamente, estar estudando para ingressar no programa de aprendizagem, assim como o estagiário.

A diferença é que o jovem deverá estar matriculado em escolas técnicas ou profissionalizantes, como o SENAI.

Além disso, existirá um contrato de trabalho para o menor aprendiz, com a respectiva anotação na carteira de trabalho (CTPS).

Pelo fato de existir a anotação na CTPS, haverá a contribuição previdenciária para o jovem aprendiz e, também, todos os seus direitos trabalhistas, como FGTS, férias + ⅓ e 13º salário.

Cabe dizer que, para ser contratado por alguma empresa, o aluno deverá possuir entre 14 e 24 anos de idade.

Já o estagiário deverá possuir, no mínimo, 16 anos de idade (não há limite etário máximo).

Em ambas as modalidades, seja estagiário, seja jovem aprendiz, o estudante poderá permanecer na empresa durante um limite máximo de 2 anos.

5   COMO CONTRIBUIR COMO ESTAGIÁRIO?

Como eu disse antes, a empresa que o estagiário trabalha não faz recolhimentos para o Instituto.

Isso porque não há relação de emprego entre os dois.

Porém, mesmo dessa maneira, o estagiário poderá se filiar ao INSS e realizar contribuições na condição de segurado facultativo.

5.1   O que é um segurado facultativo?

O segurado facultativo é aquela pessoa que deseja uma cobertura da Previdência Social para receber os benefícios previdenciários.

Diferente do segurado obrigatório (que exerce atividade econômica), o facultativo, por livre e espontânea vontade, se inscreve no INSS e faz recolhimentos previdenciários.

A pessoa pode se filiar como segurado facultativo a partir dos seus 14 anos completos de idade, segundo o art. 13 da Lei 8.213/1991[4].

A Instrução Normativa 128/2022 do INSS afirma que a filiação somente poderá ocorrer a partir dos 16 anos de idade[5].

Contudo, no Direito, temos uma hierarquia de normas.

A Lei 8.213/1991 é uma lei ordinária hierarquicamente superior à Instrução Normativa do INSS.

Infelizmente, na prática, o INSS aceita a inscrição de facultativos a partir de 16 anos mesmo.

5.2   Como contribuir ao INSS como facultativo?

Via de regra, o facultativo recolhe 20% sobre um valor de salário de contribuição, que deverá ser entre:

- o salário-mínimo nacional (R$ 1.320,00 em 2023)
- e o Teto do INSS (R$ 7.507,49 em 2023).

Isto é, o segurado deverá escolher o valor base do seu salário de contribuição e pagar, como recolhimento, 20% da quantia.

Também, existe o pagamento do facultativo no Plano Simplificado.

Essa opção garante um recolhimento com uma alíquota de 11%, somente, sobre o valor do salário-mínimo nacional.

Portanto, o salário de contribuição do segurado será sempre o valor do mínimo.

Ah, e esse recolhimento não conta como tempo de contribuição em si.

---

[4]   BRASIL.   **Lei   8.213/1991.**   Disponível   em: https://www.planalto.gov.br/ccivil_03/leis/l8213cons.htm. Acesso em 31 ago. 2023.

[5] Art. 5º, IV da Instrução Normativa 128/2022 do INSS. BRASIL. **Instrução Normativa   128/2022   INSS.**   Disponível   em: https://www.in.gov.br/en/web/dou/-/instrucao-normativa-pres/inss-n-128-de-28-de-marco-de-2022-389275446. Acesso em 13 fev. 2023.

Ele valerá, somente, para a Aposentadoria por Idade (com valor de um salário-mínimo) e para o recebimento de outros benefícios, como Pensão por Morte para os dependentes, Salário-Maternidade, etc.

Por último, existe o segurado facultativo de baixa renda.

Ele poderá contribuir ao INSS com a alíquota de 5%, somente, sobre o valor do salário-mínimo nacional.

Aqui, o recolhimento também não conta para tempo de contribuição e serve, apenas, para uma Aposentadoria por Idade, com valor de um salário-mínimo (e outros benefícios previdenciários).

Contudo, para ser considerado facultativo de baixa renda, é preciso preencher os seguintes requisitos abaixo.

- não possuir renda própria de nenhum tipo, incluindo:
  - aluguel;
  - pensão alimentícia;
  - pensão por morte;
  - entre outras;
- dedicar-se apenas ao trabalho doméstico, em sua própria residência;
- não exercer atividade remunerada;
- possuir renda familiar de até 2 salários-mínimos (Bolsa Família não entra no cálculo);
- estar inscrito no CadÚnico, com situação atualizada nos últimos 2 anos.

6   VANTAGENS DE CONTRIBUIR COMO ESTAGIÁRIO

Quando a pessoa se torna um facultativo, passa a ter direito a vários benefícios do INSS.

Tais como:

- aposentadorias;
- benefícios por incapacidade;
- pensão por morte para os dependentes;
- salário-maternidade;
- entre outros.

Sabe por quê? Porque quando a pessoa faz recolhimentos ao INSS, começa a somar tempo de contribuição.

A maioria dos segurados facultativos do Brasil são os desempregados e estudantes/estagiários.

Essas pessoas não desejam uma aposentadoria tardia ou que ela demore mais do que o planejado.

Portanto, se tornar um segurado facultativo é excelente para conseguir os benefícios previdenciários do INSS.

7   CONSIDERAÇÕES FINAIS

Com a leitura desse conteúdo, você ficou por dentro de como os estagiários podem contribuir no período de "trabalho".

Além disso, você também viu a diferença entre o estagiário e o aluno aprendiz, que está nos direitos trabalhistas e contribuições previdenciárias.

Por fim, você descobriu os benefícios de contribuir durante o período de estágio.

Os estagiários são uma parte importantíssima nas empresas brasileiras, pois estão adquirindo experiência para enfrentar o futuro mercado de trabalho.

Com certeza, é algo que beneficia tanto os estudantes quanto os empregadores.

REFERÊNCIAS

BRASIL.   **Lei   8.213/1991.**   Disponível   em: https://www.planalto.gov.br/ccivil_03/leis/l8213cons.htm. Acesso em 31 ago. 2023.

BRASIL.   **Lei   11.788/2008.**   Disponível   em: https://www.planalto.gov.br/ccivil_03/_ato2007-2010/2008/lei/l11788.htm. Acesso em 31 ago. 2023.

BRASIL. **Instrução Normativa 128/2022 INSS**. Disponível em: https://www.in.gov.br/en/web/dou/-/instrucao-normativa-pres/inss-n-128-de-28-de-marco-de-2022-389275446. Acesso em 13 fev. 2023.

A PRECARIZAÇÃO DA RELAÇÃO JURÍDICA LABORAL: A INVERSÃO DO RISCO NEGOCIAL COMO MECANISMO DE PERPETUAÇÃO DE DEPENDÊNCIA LABORAL

3

John Juan Silva[1]

Os saltos tecnológicos alteraram drasticamente a forma como se dá a relação humana. O "novo mundo" digital modulou uma nova esfera dinâmica do segmento laboral. Um modelo de negócio no qual as plataformas digitais – o comércio digitalizado – controlam por meio de algoritmos as relações de trabalho entre empresas e trabalhadores plataformizados.

Nesse contexto, sob influência do fenômeno da globalização, a rede de internet - instrumento essencial da tecnologia moderna -, concebeu a humanidade novas formas de interação, remodelando barreiras geográficas, sociais e culturais, permitindo que diversos povos se comunicassem sem sair de casa por meio de aparelhos eletrônicos.

Numa ótica capitalista, a economia de plataformas se dá pela base exploratória – redução dos custos de produção e mão de obra barata - objetivando o lucro. No Brasil, não é surpresa que 70% da classe trabalhadora celetista receba no máximo dois salários mínimos. A junção do movimento capitalista desenfreado e do fenômeno da uberização das relações de trabalho se põem na realidade de forma a dificultar a progressividade dos direitos trabalhistas.

---

[1] Pós-Graduado em Direito Previdenciário e Pós-Graduado em Direito material e processual do trabalho. Bacharel em Direito pelo Centro Universo Salvador. Advogado (OAB/BA). E-mail: advocaciajohn@gmail.com.

Em uma parcela das plataformas digitais, como exemplo, a Uber e a 99POP, a relação de trabalho ocorre por meio de contrato de adesão no qual a lógica de "chefe de si mesmo" disfarça a transferência dos riscos e despesas do serviço prestado. Para Antunes[2] essa estrutura criada para ser mais lucrativa para as empresas com a consequente flexibilização das relações laborais e redução de direitos trabalhistas representa a precarização do trabalho.

Nesse caso, há dificuldade em verificar a existência de elementos de sujeição clássica na relação entre empregado e empregador em vínculos originários das plataformas. No entanto, surge a ideia do controle algorítmico da plataforma que por meio de programações e dados realizam toda a direção do serviço prestado pelo "autônomo", além de controlar em alguns casos, dependendo do tipo de plataforma digital, também os preços cobrados aos clientes e o percentual variável retido dos trabalhadores.

Esse sistema colide com os elementos formadores do conceito de empregador disposto no art. 2° da CLT. Na qual na relação clássica de emprego, o empregador é aquele que possui responsabilidade exclusiva pelos riscos do empreendimento, ou seja, é aquele que detém o dever de financiar o negócio – no caso, o trabalho -, e custear a manutenção do serviço prestado.[3] É dessa lógica que direitos trabalhistas como o vale transporte e vale alimentação são concedidos.

Uma exceção a essa regra é o caso da modalidade de trabalho autônomo em que claramente há uma transferência do risco negocial para o prestador de serviço em troca de alguma autonomia laboral. É nessa categoria que as plataformas digitais tentam enquadrar seus "parceiros". O grande problema, considerando o ponto de vista da modalidade de trabalho em questão, é que os trabalhadores plataformizados representariam uma nova espécie de colaborador autônomo, no qual há maior demarcação de elementos empregatícios como a pessoalidade e a habitualidade.

Quanto a subordinação, ainda considerando essa ótica autônoma, considera-se a existência de um "meio-termo" no qual o trabalhador

---

[2] ANTUNES, R. **O privilégio da servidão.** São Paulo: Boitempo, 2018.
[3] DELGADO, M.G. **Curso de Direito do Trabalho.** ed. 18. São Paulo: LTr, 2019

uberizado não possui liberdade negocial[4] e há características de parassubordinação na qual há uma linha tênue e sutil que separa as dimensões da sujeição e autonomia do plataformizado.[5]

O risco do negócio não pode ser utilizado como parâmetro definidor de vínculo empregatício por não se tratar de um pressuposto ou elemento da relação jurídica, e sim uma consequência contratual que dentro da análise fática pode ser realocada entre os polos.[6]

No entanto, esse efeito contratual pode ser objeto de verificação de reflexos de dependência na relação plataformizada. Se por um lado, o autônomo clássico detém capacidade para discutir seus contratos de prestação de serviço, os valores pagos, bem como é possível ratear custos do serviço contratado com o contratante – em regra, detentor de maior poder econômico -. Por outro lado o autônomo "moderno" – o trabalhador sob demanda em plataforma digital -, não possui capacidade para discutir seus contratos de prestação de serviço que ocorre por meio da modalidade de adesão, bem como não é capaz de definir o preço do serviço ofertado, além de assumir o risco quase que na totalidade do negócio, pagando percentual variável exclusivamente definido pela plataforma, custeando os gastos imediatos com combustível e os gastos mediados como serviço de rede de conexão, manutenção do veículo e do aparelho telefônico.

A demarcação do risco negocial do trabalhador parceiro das plataformas digitais de transporte é ainda mais visível pela insatisfação nos últimos três anos com a alta dos combustíveis no Brasil[7]. Tal fato

---

[4] BARROS, A. M. **Curso de Direito do Trabalho.** 5. Ed. São Paulo: LTr 2009. p. 289.

[5] CASSAR, V.B. **Direito do Trabalho.** 8. Ed. São Paulo: Método, 2013. p. 249.

[6] DELGADO, M.G. **Curso de Direito do Trabalho.** ed. 18. São Paulo: LTr, 2019

[7] G1. c2023a. **Motoristas por aplicativo fazem protesto contra aumento do preço da gasolina em Salvador pelo 4° dia consecutivo.** Disponível em: https://g1.globo.com/ba/bahia/noticia/2021/10/29/motoristas-por-aplicativo-fazem-carreata-na-avenida-paralela-em-protesto-contra-aumento-do-preco-da-gasolina-transito-e-lento.ghtml. Acesso em 04 mar. 2023. G1. C2023b. **Motoristas e entregadores de app protestam contra aumento de combustível e cobram reajuste de remuneração.** c2023b. Disponível em: https://g1.globo.com/ce/ceara/noticia/2022/03/29/motoristas-e-entregadores-

social expõe a dependência do motorista que não possui qualquer poder para ajustar os preços do serviço prestado em razão do aumento do custo decorrente da elevação de preço dos combustíveis, dependendo exclusivamente da plataforma que controla a precificação do serviço e quanto devem retirar de comissão variável.

Observa-se que nessa relação de motorista e plataforma não há uma troca razoável em que o trabalhador assume parcialmente certos custos da prestação do serviço e recebe em troca sua autonomia. Há abusiva inversão de responsabilidade pelos riscos do negócio sem, contudo, existir autonomia de fato compatível. O motorista absorve quase que totalmente os riscos da existência da relação jurídica e de forma contraditória, apesar de ser a parte que teoricamente recebe maior parcela do valor de cada viagem realizada[8], continua sendo a parte hipossuficiente economicamente da relação.

À título de amostragem, isso se justifica pelo fato do motorista, que por exemplo, na cidade de Salvador (Bahia) recebe em média R$ 1.506,00 por semana em jornada de 50 horas[9] e média de 1.250 km percorridos[10] e considerando que os modelos de veículos da linha Sandero é um dos carros mais utilizados na plataforma por trabalhadores e que sua versão mais econômica possui desempenho de 14 km por litro

---

de-app-protestam-contra-aumento-de-combustivel-e-cobram-reajuste-de-remuneracao.ghtml. Acesso em 04 mar. 2023. ISTO É. **Colaboradores de aplicativos estão em pé de guerra com as marcas: alegam que são mal remunerados.** Disponível em: https://istoe.com.br/espremidos-pela-inflacao/. Acesso em 04 mar. 2023. CORREIO DO POVO. **Em protesto pelo aumento dos combustíveis, motoristas de aplicativo prometem parar no dia 5.** Disponível em: https://www.correiodopovo.com.br/not%C3%ADcias/geral/em-protesto-pelo-aumento-dos-combust%C3%ADveis-motoristas-de-aplicativo-prometem-parar-no-dia-5-1.71323. Acesso em 04 mar. 2023.
[8] UBER. **Oportunidades flexíveis para dirigir pelo app da Uber.** c2023a. Disponível em: https://www.uber.com/br/pt-br/drive/. Acesso em 01 abril 2022.
[9] UBER. **Quanto é possível ganhar com a Uber?** c2023b. Disponível em: https://www.uber.com/br/pt-br/drive/how-much-drivers-make/. Acesso em 04 mar. 2023.
[10] MOTORISTA ELITE. **Você sabe quantos quilômetros um Uber roda por dia?** Disponível em: https://motoristaelite.com/quantos-quilometros-um-uber-roda-por-dia/. Acesso em 05 mar. 2023.

de combustível[11], em determinado mês como outubro de 2022 em que a média do preço do combustível foi de R$ 7,92[12], o trabalhador gastou em média cerca de R$ 697,00 com abastecimento e restou "lucro", sem considerar todos os gastos mediatos, de R$ 808,81.

Em endosso, segundo a Uber[13] entre o período de 2014 à 2020, houve repasse de 68 bilhões de reais para os motoristas parceiros no Brasil. Nessa época havia cerca de 1 milhão de trabalhadores vinculados, resultando numa média anual de R$ 68 mil reais por ano para cada – sem considerar os descontos decorrentes do risco do negócio -, valor menor que a soma do salário mínimo anual do mesmo período que equivale a R$ 76.392,00, desconsiderando o décimo terceiro recebido, o terço constitucional de férias e os depósitos do FGTS que demonstrariam ainda mais a discrepância.

O risco negocial invertido é agravado pela impressão de descartabilidade do ser humano trabalhador que é visto como uma coisa avaliada por números que determinam se o número de cancelamentos e estrelas avaliativas resultarão no bloqueio unilateral, sem contraditório e aviso prévio do parceiro causando perdas financeiras imediatas e sem qualquer solução célere.[14] Tudo isso em um cenário de competição e premiações por metas absurdas em jornadas exaustivas de 10-12 horas de trabalho – considerando, o tempo efetivamente trabalhado, ou seja, (1) deslocamento para buscar passageiro e (2) deslocamento até o destino do

---

[11] UOL. **Carros Uber:** veja os 5 preferidos pelos motoristas do app. Disponível em: https://autopapo.uol.com.br/noticia/carros-uber-conheca-os-5-modelos-preferidos-pelos-motoristas-do-app/#:~:text=Sim%2C%20o%20mais%20comum%20entre,%24%2048.890%20e%20R%24%2069.690. Acesso em 04 mar. 2023.

[12] CORREIO. **Preço médio da gasolina se aproxima de R$ 8 em Salvador e assusta consumidores.** Disponível em: https://www.correio24horas.com.br/noticia/nid/preco-medio-da-gasolina-se-aproxima-de-r-8-em-salvador-e-assusta-consumidores/. Acesso em 04 mar. 2023.

[13] UBER. **UBER.** c2022d. Disponível em: https://www.uber.com/pt-BR/newsroom/fatos-e-dados-sobre-uber/. Acesso em 14 abr. 2022.

[14] FRANCO, T; DRUCK, G; SILVA, E. As novas relações de trabalho, o desgaste mental do trabalhador e os transtornos mentais no trabalho precarizado. **Revista Brasileira de Saúde Ocupacional,** São Paulo, V. 35, n. 122, p. 229 – 248, 2010.

passageiro e o tempo de prontidão, considerado aquele em que o motorista *"onlline"* na plataforma aguarda por viagens.

Dentro de um movimento natural do capitalismo exploratório onde se busca lucro e alimenta a ideia de que o vínculo empregatício é o vilão do mundo do trabalho somente com o intuito de flexibilizar e precarizar direitos trabalhistas, a relação jurídica de trabalhador e plataforma digital se dá por uma forte inversão do custo negocial disfarçada de "pseudoautonomia" e volumosos ganhos que escondem prejuízos elevados que são capazes de manter o uberizado em um liame de precarização na prestação de serviço na qual sacrifica parte dos ganhos e sua força de trabalho para ter autonomia, quando na verdade é sutilmente controlado por uma política de gestão de preços unilateral e custos elevados de manutenção do serviço.

Não há compatibilidade entre a transferência do risco do negócio da plataforma digital para o trabalhador com a fantasiosa autonomia do prestador de serviço. A absorção da maioria dos custos existenciais e de manutenção da relação jurídica entre empresa e trabalhador é justamente o fator de desequilíbrio da suposta ausência de subordinação. É justamente por esse fato que o prestador de serviço que em tese recebe maior parte do serviço fornecido, permanece hipossuficiente e de fácil descarte para a plataforma que atua como acusador e juiz, aplicando punições e expulsões aos parceiros de maneira unilateral e em alguns casos de maneira sutil – reduzindo o número de serviços oferecidos -, por meio do seu "super gerente", o algoritmo, no qual, ninguém que está subordinado a ele sabe como realmente funciona.

REFERÊNCIAS

ANTUNES, R. **O privilégio da servidão.** São Paulo: Boitempo, 2018.

BARROS, A. M. **Curso de Direito do Trabalho.** 5. Ed. São Paulo: LTr 2009.

CASSAR, V.B. **Direito do Trabalho.** 8. Ed. São Paulo: Método, 2013. P

CORREIO. **Preço médio da gasolina se aproxima de R$ 8 em Salvador e assusta consumidores.** Disponível em:

https://www.correio24horas.com.br/noticia/nid/preco-medio-da-gasolina-se-aproxima-de-r-8-em-salvador-e-assusta-consumidores/. Acesso em 04 mar. 2023.

CORREIO DO POVO. **Em protesto pelo aumento dos combustíveis, motoristas de aplicativo prometem parar no dia 5.** Disponível em: https://www.correiodopovo.com.br/not%C3%ADcias/geral/em-protesto-pelo-aumento-dos-combust%C3%ADveis-motoristas-de-aplicativo-prometem-parar-no-dia-5-1.71323. Acesso em 04 mar. 2023.

DELGADO, M.G. **Curso de Direito do Trabalho.** ed. 18. São Paulo: LTr, 2019

FRANCO, T; DRUCK, G; SILVA, E. As novas relações de trabalho, o desgaste mental do trabalhador e os transtornos mentais no trabalho precarizado. **Revista Brasileira de Saúde Ocupacional,** São Paulo, V. 35, n. 122, p. 229 – 248, 2010.

G1. c2023a. **Motoristas por aplicativo fazem protesto contra aumento do preço da gasolina em Salvador pelo 4° dia consecutivo.** Disponível em: https://g1.globo.com/ba/bahia/noticia/2021/10/29/motoristas-por-aplicativo-fazem-carreata-na-avenida-paralela-em-protesto-contra-aumento-do-preco-da-gasolina-transito-e-lento.ghtml. Acesso em 04 mar. 2023.

G1. C2023b. **Motoristas e entregadores de app protestam contra aumento de combustível e cobram reajuste de remuneração.** c2023b. Disponível em: https://g1.globo.com/ce/ceara/noticia/2022/03/29/motoristas-e-entregadores-de-app-protestam-contra-aumento-de-combustivel-e-cobram-reajuste-de-remuneracao.ghtml. Acesso em 04 mar. 2023.

ISTO É. **Colaboradores de aplicativos estão em pé de guerra com as marcas: alegam que são mal remunerados.** Disponível em: https://istoe.com.br/espremidos-pela-inflacao/. Acesso em 04 mar. 2023.

MOTORISTA ELITE. **Você sabe quantos quilômetros um Uber roda por dia?** Disponível em: https://motoristaelite.com/quantos-quilometros-um-uber-roda-por-dia/. Acesso em 05 mar. 2023.

UBER. **Oportunidades flexíveis para dirigir pelo app da Uber.** c2023a. Disponível em: https://www.uber.com/br/pt-br/drive/. Acesso em 01 abril 2022.

UBER. **Quanto é possível ganhar com a Uber?** c2023b. Disponível em: https://www.uber.com/br/pt-br/drive/how-much-drivers-make/. Acesso em 04 mar. 2023.

UBER. **UBER.** c2022d. Disponível em: https://www.uber.com/pt-BR/newsroom/fatos-e-dados-sobre-uber/. Acesso em 14 abr. 2022.

UOL. **Carros Uber:** veja os 5 preferidos pelos motoristas do app. Disponível em: https://autopapo.uol.com.br/noticia/carros-uber-conheca-os-5-modelos-preferidos-pelos-motoristas-do-app/#:~:text=Sim%2C%20o%20mais%20comum%20entre,%24%2048. 890%20e%20R%24%2069.690. Acesso em 04 mar. 2023.

CONVERSANDO SOBRE O DIREITO DAS MULHERES

PRINCÍPIO DA IGUALDADE SUBSTANCIAL E MULHER NO MERCADO DE TRABALHO

4

Luciana Simon de Paula Leite[1]

A organização e valores que conformam o Estado Democrático de Direito não se dissociam da observância rigorosa do princípio da igualdade. Para Dallari[2] a concepção verídica do princípio da igualdade implica em igualdade de possibilidades sem nos basearmos em critérios artificiais. Repelem o princípio da igualdade quaisquer privilégios que insiram determinados indivíduos a princípio em condições favoráveis (econômicas, intelectuais, etc) em dissonância com aquelas apresentadas por diversos integrantes do corpo social. Então o princípio da igualdade deve colimar a efetivação da igualdade substancial de modo não abstrato.

A luta contra o arbítrio, o anseio por liberdade, produziu os Direitos Humanos para Telles Junior[3], compondo o ordenamento jurídico como norma o princípio da igualdade insculpido no artigo 5º caput e inciso I da Constituição Federal ao elencar que todos são iguais perante a lei sem distinção de qualquer natureza, inclusive homens e mulheres no que tange a direitos e obrigações.

---

[1] Possui graduação em Direito pela Pontifícia Universidade Católica de São Paulo (1989) e especialização em Especialização em Direito de Família e Sucessões pela Escola Paulista de Direito (2017). Atualmente é Juíza de Direito de Entrância Final da Tribunal de Justiça de São Paulo. Tem experiência na área de Ciência Política, com ênfase em Comportamento Político.

[2] DALLARI, Dalmo de Abreu. **Elementos da Teoria Geral do Estado.** São Paulo: Editora Saraiva, 1972, p. 264.

[3] TELLES JUNIOR, Gofredo. **Estudos.** 2ª edição. São Paulo: Editora Saraiva, 2016, p. 151.

Já para Lenza[4] a busca pela igualdade substancial é muitas vezes idealista e foi eternizada na denominada Oração dos Moços, de Rui Barbosa, embasado em Aristóteles ao apregoar que se deve tratar igualmente os iguais e desigualmente os desiguais na medida de suas desigualdades.

Com a Constituição Federal de 1988, operando-se o fenômeno da constitucionalização do direito civil, assistimos à mudança de paradigma quanto aos bens jurídicos a serem prioritariamente protegidos que passaram a se identificar justamente com os direitos humanos, superando-se em termos normativos a ótica patrimonial, individualista e liberal de outrora.

Isso significa dizer, conforme já figura no protocolo para julgamento com perspectiva de gênero 2021 do CNJ, cuja observância é cogente pelo Poder Judiciário[5] de modo consentâneo com os objetivos de Desenvolvimento Sustentável (ODS) 5 e 16 da Agenda 2030 da ONU, que os julgamentos não podem incorrer em repetição de estereótipos e perpetuação de tratamentos distintos.[6] Devem, efetivamente, ter em vista a realidade social, suas discrepâncias e diferença de forças e condições para exercício de atos, sob condições equânimes. Por conseguinte, ainda que presentes diversificados entraves, o alcance da igualdade substancial deve ser o objetivo precípuo não somente do julgador, mas de toda a sociedade.

Endereçando nosso foco de atenção às diferenças de poder entre gêneros advindas das peculiaridades do patriarcado, urge que meditemos acerca da inserção da mulher no mercado de trabalho e se a mesma vem se concretizando com acatamento do princípio da igualdade substancial.

E a resposta a tal indagação é bastante clara: a negativa se impõe de modo veemente no que pertine ao derradeiro aspecto.

---

[4] LENZA, Pedro, **Direito Constitucional Esquematizado.** 21ª edição. São Paulo: Editora Saraiva Jur, 2017, p. 1123.

[5] Resolução 492 de março de 2023.

[6] NOTÍCIAS STJ. Protocolo para Julgamento com Perspectiva de Gênero passa a ser obrigatório no Judiciário. **Notícias STJ.** 2023. Disponível em: https://www.stj.jus.br/sites/portalp/Paginas/Comunicacao/Noticias/2023/15032 023-Protocolo-para-Julgamento-com-Perspectiva-de-Genero-passa-a-ser-obrigatorio-no-Judiciario.aspx. Acesso em: 28/07/2023.

Preliminarmente, urge que analisemos a composição da população da República Federativa do Brasil.

Consoante dados do PNAD Contínua (Pesquisa Nacional por Amostra de Domicílios Contínua) 2022 do IBGE[7] a população brasileira é composta por 48,9% de homens e 51,1% de mulheres. Idêntica fonte de dados noticiou, para o período do segundo trimestre de 2022, que a população negra corresponde a 55,8% dos brasileiros,[8] compreendidos nessa parcela da população indivíduos que se autodeclaram pretos e pardos.[9] Então a conclusão que se impõe é a maioria da população é do gênero feminino e preta.

Ocorre que ao verificarmos dados estatísticos sobre a majoritária camada que compõe a população nacional detectamos que justamente são elas, mulheres pretas, as que mais estão alheias ao mercado de trabalho e quando se encontram ativas, percebem as remunerações mais modestas. Constatou-se que a mulher negra auferiu 46,3% do rendimento havido pelo homem branco, o trabalhador melhor remunerado.[10]

De ver-se que as famílias monoparentais com filhos e chefias femininas representaram em 2022 14,7% dos arranjos familiares, com expressividade mais intensa do que as masculinas.[11] A patente vulnerabilidade de tais organizações familiares, que não obstante previstas pela Constituição Federal não mereceram regramento do ordenamento jurídico para superação de suas vulnerabilidades, decorre em explícita violação de direitos humanos.[12] Tais mulheres apresentam óbices concretos à formação profissional e disponibilidade de tempo diante da necessidade de se dedicarem aos cuidados exigidos pela prole

---

[7] IBGE. **Pesquisa Nacional por Amostra de Domicílios Contínua**. 2023. Disponível em: www.educa.ibge.gov.br. Acesso em: 31 jul. 2023.

[8] DIEESE. **Infográfico População Negra 2022**. Disponível em: www.dieese.org.br. Acesso em: 31 jul. 2023.

[9] IBGE. **Conheça o Brasil - População Cor ou Raça**. Disponível em: www.educa.ibge.gov.br. Acesso em: 31 jul. 2023.

[10] CAVALLINI, Marta. Com maior taxa de desemprego e menor rendimento, mulheres negras são as mais prejudicadas no mercado de trabalho. G1. 19 nov. 2022. Disponível em: www.g1.globo.com. Acesso em: 31 jul. 2023.

[11] DIEESE. **As dificuldades das mulheres chefes de família no mercado de trabalho**. 2023. Disponível em: www.dieese.org.br. Acesso em: 31 jul. 2023.

[12] LOBO, Fabíola Albuquerque. **O Direito Civil Constitucional como Mecanismo de Superação na Desigualdade de Gênero**.

incapaz o que pugna, de modo emergencial, a implementação de políticas públicas para que o contexto possa ser suplantado. A inobservância do princípio da igualdade substancial, a incidência do princípio da dignidade da pessoa humana e a vigência do protocolo para julgamento com perspectiva de gênero 2021 do CNJ consubstanciam bases normativas sólidas para apreciação de demandas em que declinados interesses jurídicos de tais mulheres.

O que se explana por ora nada mais é do que a realidade consolidada em nosso país. Desigualdade, diferenças no mercado de trabalho em virtude de marcadores de gênero, cor, camada social peculiares às mulheres.

A situação não é diversa no âmbito das esferas pública e privada. Há percentual desproporcional e sob extensão acanhada das mulheres que ocupam posições de poder ou chefia nas instituições e pessoas jurídicas de modo geral.

Na seara legislativa na Câmara existem 77 deputadas entre 513 parlamentares; no Senado, 13 entre 81;[13] no Executivo, nos Ministérios, a participação é ainda menor (número não superior a onze)[14]. No STF temos duas mulheres, com recente indicação pelo Presidente da República de novo Ministro, do gênero masculino e branco, para assunção da vaga criada pela aposentadoria do Ministro Ricardo Levandowski[15] ao passo que no STJ existem seis ministras[16] num universo de 33.

Justamente em virtude de tal contexto a Coalização Nacional de Mulheres endereçou solicitação ao Presidente da República com o escopo de se lograr êxito na indicação da primeira mulher negra para compor o

---

[13] ESTADÃO. Por mais mulheres na vida pública. **Estadão.** 28 fev. 2022. Disponível em: www.estadao.com.br. Acesso em: 31 jul. 2023.

[14] BRASIL. **Ministros e Ministras.** 2023. Disponível em: www.gov.br. Acesso em: 31 jul. 2023.

[15] AGÊNCIA SENADO. Indicação de Zanin ao STF chega ao Senado. **Agência Senado.** 01 jun. 2023. Disponível em: www.12.senado.leg.br. Acesso em: 31 jul. 2023.

[16] STF. **Composição atual.** 2023. Disponível em: www.stj.jus.br. Acesso em: 31 jul. 2023.

STF,[17] iminente a abertura de vaga pela aposentadoria compulsória da Ministra Rosa Weber.

Atente-se para a circunstância de que o Poder Judiciário é composto por uma maioria de magistrados do gênero masculino e serventuárias do gênero feminino.[18]

O CNJ está se mobilizando, através de programa de equidade racial, estudando mecanismos para promoção de mulheres e negros com alcance de cargos de cúpula, inclusive, por intermédio de cotas.[19]

Também na iniciativa privada vem se cogitando a propósito do sistema de cotas e instituição de plano de carreira para melhor inserção das mulheres no mercado de trabalho. Se a previsão consoante dados do Global Gender Gap Report 2021 do Fórum Econômico Mundial é que a paridade de gênero no mercado de trabalho venha a ocorrer em 136 anos, estima-se que o período será dobrado no que tange à isonomia salarial.[20] Questão que não pode ser relegada a segundo plano é a dificuldade de cumprimento de mais de uma jornada de trabalho pelas mulheres como consequência da feminização do cuidado, com sugestão a nosso ver pertinente de que o redimensionamento de licenças e organização de cursos para mulheres (e diversos gêneros) em empresas possam ser benéficos no processo de equilíbrio e conscientização.[21] Também há propostas de ampliação de licença para ambos os pais após o nascimento dos filhos,[22] sendo certo que na atualidade as mulheres ostentam licença

---

[17] ESTADÃO. Elas existem! **Estadão.** 25 jul. 2022. Disponível em: www.estadao.com.br. Acesso em: 31 jul. 2023.

[18] CNJ. **Diagnóstico da participação feminina no Poder Judiciário.** Disponível em: www.cnj.jus.br. Acesso em: 31 jul. 2023.

[19] BRANDINO, Géssica. Judiciário se mobiliza por equidade racial, mira mulheres negras e estuda cotas. **Folha de são Paulo.** 24 jul. 2023. Disponível em: www1.folha.uol.com.br. Acesso em: 31 jul. 2023.

[20] FERREIRA, Catarina. Empresas devem aliar cotas femininas a plano de carreira. **Folha de são Paulo.** 13 mar. 2022. Disponível em: www1.folha.uol.com.br. Acesso em: 31 jul. 2023.

[21] FERREIRA, Catarina. Empresas devem aliar cotas femininas a plano de carreira. **Folha de são Paulo.** 13 mar. 2022. Disponível em: www1.folha.uol.com.br. Acesso em: 31 jul. 2023.

[22] VIECELI, Leonardo; TEIXEIRA, Pedro S. Ter mais filhos tira 40% das mulheres do mercado, e apenas 0,6% dos homens. **Folha de são Paulo.** 13 maio 2022. Disponível em: www1.folha.uol.com.br. Acesso em: 31 jul. 2023.

de 120 dias em virtude do nascimento do filho em descompasso com cinco dias corridos para os homens. Aqui as propostas igualmente nos parecem salutares com a ressalva que a isonomia de licença paternidade deve vir acompanhada de alteração de postura dos genitores no sentido de divisão das atribuições com os filhos menores e serviços domésticos, efetivamente. Devemos atentar ao índice elevado de demissões de mulheres após o término de licenças maternidade. Além de educação (os sugeridos cursos nas empresas para internalização da relevância da temática e imprescindibilidade de seu enfrentamento) tem-se como oportuno que tais licenças não sejam prorrogadas continuamente, ainda que com o uso de folgas remuneradas (férias, etc), sem a prévia equalização da carga de trabalho junto às empresas e instituições. O franco e prévio diálogo e programação entre funcionárias, funcionários, gestores e órgãos diretivos deve existir e primar pelo respeito e responsabilidade com plenitude e reciprocidade a fim de que não haja prejuízo às atividades laborativas com licenças não acordadas, ausência de funcionários para substituição após o decurso da licença legal, etc (ressalvadas, por evidência, hipóteses de eventos imprevisíveis ou emergenciais). Outro mecanismo que pode se mostrar benfazejo é o trabalho híbrido com realização de home office, implementado a partir da pandemia de covid-19 e que por vezes atende a necessidade de supervisionamento da prole pelas mães sem prejuízo do desenvolvimento de atividade laborativa.

Na esfera pública as recomendações de educação política desde tenra idade para superação dos preconceitos estruturais, fiscalização mais efetiva e célere na punição dos partidos que descumprirem a legislação das cotas de gênero, combate da violência política contra mulheres, fortalecimento de lideranças políticas femininas por meio de alianças com organizações, instituições e pessoas comprometidas com igualdade de gênero e marketing político são condutas igualmente desejáveis.[23]

A falta de representatividade feminina, especialmente em cargos com poder decisório nas estruturas empresariais e instituições, muitas

---

[23] DUTRA, Maristela. **A importância da participação da mulher na política e desafios desta inserção em face da violência de gênero no Brasil.** *In:* ROMA, Andréia; MOURA, Tania. Mulheres, um Grito de Socorro. São Paulo: Editora Leader, 2023, p.182-183.

vezes desestimula as mulheres a continuarem integrando os quadros em questão. Até mesmo como reflexo da cultura patriarcal tais mulheres costumam ser mais exigentes consigo mesmas em regra, apenas concorrendo a vagas de emprego quando preenchem a totalidade de requisitos.[24]

Sob outro vértice, especialistas constataram a ausência de ambiente de inclusão de líderes do sexo feminino[25] nas empresas por intermédio de pesquisa da McKinsey nos EUA, notando-se que as mulheres têm suas decisões mais questionadas do que aquelas exaradas por profissionais do gênero masculino com alto índice de verificação da circunstância de que, ao menos uma vez, já foram confundidas com funcionárias de nível hierárquico inferior, com episódios não pontuais de assédio ou discriminação. Apurou-se pela pesquisa igualmente que mulheres líderes querem uma cultura de trabalho melhor, possuindo probabilidade significativamente mais ampla do que os homens de deixarem seus empregos ou porque desejam maior flexibilidade ou porque desejam trabalhar em empresa mais comprometida com bem-estar, diversidade, equidade e inclusão dos funcionários.

No contexto supra delineado foi promulgada a Lei 14.611/2023[26] que prevê como medidas para garantia de igualdade salarial o estabelecimento de mecanismos de transparência salarial, incremento de fiscalização, criação de canais específicos para denúncias de casos de discriminação salarial, promoção de programas de inclusão no ambiente de trabalho que abranjam a capacitação de gestores, lideranças e empregados sobre equidade salarial entre homens e mulheres no mercado de trabalho com aferição de resultados, fomento à capacitação e à formação de mulheres para o ingresso, a permanência e a ascensão no mercado de trabalho em igualdade de condições com os homens.

---

[24] LOBATO, Isabela; PEREIRA, Vitoria. Mulheres enfrentam baixa diversidade e autocobrança em processos seletivos. **Folha de são Paulo**. 08 mar. 2022. Disponível em: www1.folha.uol.com.br. Acesso em: 31 jul. 2023.

[25] DYNIEWICZ, Luciana. Por que as empresas não conseguem reter líderes mulheres. **Estadão**. 22 jul. 2023. Disponível em: www.estadao.com.br/. Acesso em: 31 jul. 2023.

[26] BRASIL. **Lei nº 14.611 de 3 de julho de 2023**. Disponível em: www.planalto.gov.br. Acesso em: 31 jul. 2023.

Do cotejo entre a materialidade fática e a ótica de implementação do princípio constitucional da igualdade substancial tem-se que a edição do elogioso diploma legal sem a adoção de medidas concretas que alterem o abismo entre a tênue ocupação de mulheres no mercado de trabalho sob igualdade de condições e salariais em cargos de direção/poder decisório dentre os demais e a assunção de cargos e funções laborativas por pessoas do gênero masculino (em geral, brancas) é de pouca eficácia.

Acrescentamos mais um fator de suma importância. É indispensável que as mulheres possam usufruir de acesso a informes e conhecimentos sobre cultura de gênero para que, no ambiente de trabalho, possam consumar suas atividades profissionais sob entrosamento e cooperação entre si. A cultura patriarcal é absorvida não raras vezes pelas próprias mulheres que se tornam pouco acessíveis ou até mesmo refratárias a outras profissionais do mesmo gênero, especialmente em funções hierarquicamente superiores. Dá-se a desunião, a competitividade irracional e deletéria ao desenvolvimento do labor. Embora todos possamos de modo benéfico constatar a mudança cultural a propósito em diversas dimensões, em empresas e espaços públicos, o enraizamento das concepções de que a mulher ostentaria menor valia quando comparada ao indivíduo do gênero masculino ainda é profundo e compartilhado por todos os extratos sociais.

Com efeito, muito temos a evoluir para que seja implementado rotineiramente e sem alardes de excepcionalidade o princípio da igualdade substancial nas relações de trabalho com tratamento isonômico entre homens e mulheres. Certamente a mudança nos espaços públicos de poder, inclusive representativos, consubstancia passo inicial bastante desejável e deveras factível, suplantando-se, inclusive, a dissonância entre o gênero e aspecto racial da população majoritária do país com o perfil de integração de trabalhadores, concretamente, no mercado de trabalho. Somente assim poderemos progredir em todas as instâncias.

REFERÊNCIAS

AGÊNCIA SENADO. Indicação de Zanin ao STF chega ao Senado. **Agência Senado.** 01 jun. 2023. Disponível em: www.12.senado.leg.br. Acesso em: 31 jul. 2023.

BRANDINO, Géssica. Judiciário se mobiliza por equidade racial, mira mulheres negras e estuda cotas. **Folha de são Paulo.** 24 jul. 2023. Disponível em: www1.folha.uol.com.br. Acesso em: 31 jul. 2023.

BRASIL. **Lei nº 14.611 de 3 de julho de 2023.** Disponível em: www.planalto.gov.br. Acesso em: 31 jul. 2023.

BRASIL. **Ministros e Ministras.** 2023. Disponível em: www.gov.br. Acesso em: 31 jul. 2023.

CAVALLINI, Marta. Com maior taxa de desemprego e menor rendimento, mulheres negras são as mais prejudicadas no mercado de trabalho. **G1.** 19 nov. 2022. Disponível em: www.g1.globo.com. Acesso em: 31 jul. 2023.

CNJ. **Diagnóstico da participação feminina no Poder Judiciário.** Disponível em: www.cnj.jus.br. Acesso em: 31 jul. 2023.

DALLARI, Dalmo de Abreu. **Elementos da Teoria Geral do Estado.** São Paulo: Editora Saraiva, 1972.

DIEESE. **Infográfico População Negra.** 2022. Disponível em: www.dieese.org.br. Acesso em: 31 jul. 2023.

DIEESE. **As dificuldades das mulheres chefes de família no mercado de trabalho.** 2023. Disponível em: www.dieese.org.br. Acesso em: 31 jul. 2023.

DUTRA, Maristela. **A importância da participação da mulher na política e desafios desta inserção em face da violência de gênero no Brasil.** *In:* ROMA, Andréia; MOURA, Tania. Mulheres, um Grito de Socorro. São Paulo: Editora Leader, 2023.

DYNIEWICZ, Luciana. Por que as empresas não conseguem reter líderes mulheres. **Estadão.** 22 jul. 2023. Disponível em: www.estadao.com.br/. Acesso em: 31 jul. 2023.

ESTADÃO. Por mais mulheres na vida pública. **Estadão.** 28 fev. 2022. Disponível em: www.estadao.com.br. Acesso em: 31 jul. 2023.

ESTADÃO. Elas existem! **Estadão.** 25 jul. 2022. Disponível em: www.estadao.com.br. Acesso em: 31 jul. 2023.

FERREIRA, Catarina. Empresas devem aliar cotas femininas a plano de carreira. **Folha de são Paulo.** 13 mar. 2022. Disponível em: www1.folha.uol.com.br. Acesso em: 31 jul. 2023.

IBGE. **Conheça o Brasil - População Cor ou Raça.** 2023. Disponível em: www.educa.ibge.gov.br. Acesso em: 31 jul. 2023.

IBGE. **Pesquisa Nacional por Amostra de Domicílios Contínua.** 2023. Disponível em: www.educa.ibge.gov.br. Acesso em: 31 jul. 2023.

LOBATO, Isabela; PEREIRA, Vitoria. Mulheres enfrentam baixa diversidade e autocobrança em processos seletivos. **Folha de são Paulo.** 08 mar. 2022. Disponível em: www1.folha.uol.com.br. Acesso em: 31 jul. 2023.

LOBO, Fabíola Albuquerque. **O Direito Civil Constitucional como Mecanismo de Superação na Desigualdade de Gênero.**

TELLES JUNIOR, Gofredo. **Estudos.** 2ª edição. São Paulo: Editora Saraiva, 2016.

LENZA, Pedro, **Direito Constitucional Esquematizado.** 21ª edição. São Paulo: Editora Saraiva Jur, 2017.

NOTÍCIAS STJ. Protocolo para Julgamento com Perspectiva de Gênero passa a ser obrigatório no Judiciário. **Notícias STJ.** 2023. Disponível em: https://www.stj.jus.br/sites/portalp/Paginas/Comunicacao/Noticias/2023 /15032023-Protocolo-para-Julgamento-com-Perspectiva-de-Genero-passa-a-ser-obrigatorio-no-Judiciario.aspx. Acesso em: 28/07/2023.

STF. **Composição atual.** 2023. Disponível em: www.stj.jus.br. Acesso em: 31 jul. 2023.

VIECELI, Leonardo; TEIXEIRA, Pedro S. Ter mais filhos tira 40% das mulheres do mercado, e apenas 0,6% dos homens. **Folha de são Paulo.** 13 maio 2022. Disponível em: www1.folha.uol.com.br. Acesso em: 31 jul. 2023.

DIÁLOGOS SOBRE IGUALDADE DE GÊNERO E DIREITOS DA MULHER

A VIOLÊNCIA DE GÊNERO COMO FORMA DE VIOLAÇÃO AOS DIREITOS HUMANOS

5

Sarah Batista Santos Pereira[1]

1 CONSIDERAÇÕES INICIAIS

A violência contra as mulheres é considerada uma das mais graves e marcantes formas de violência a serem enfrentadas. Produto de uma construção histórica e social que atribui ao ser feminino a posição de inferioridade e submissão ao ser masculino, ao longo da história as mulheres vêm sendo vítima das mais diversas formas de violência, comprometendo a efetividade dos direitos humanos pela ausência de equidade entre os sexos.

Entende-se que o gênero (diferente do sexo) é produto de uma construção social e cultural, compondo-se das diferenças construídas entre homens e mulheres, portanto, é possível compreender violência de gênero como qualquer tipo de agressão que decorre da condição de vulnerabilidade da vítima em razão de seu gênero.

Ainda que os direitos a igualdade e dignidade sejam garantidos formalmente, seu pleno exercício pelas mulheres é atravessado pela desigualdade material entre os gêneros. Não se protege as vítimas apenas com direitos formalmente garantidos, a real proteção decorre da concretização dessas garantias no cotidiano.

---

[1] Pós-graduada em Ciências Criminais e em Direitos Humanos pelo Centro Universitário UniAmérica. Bacharela em Direito - modalidade Integral - pela Dom Helder Escola de Direito. Vice-presidente da AGEJ - Associação Guimarães de Estudos Jurídicos. Diretora de Publicação e membro do Conselho Editorial do Portal Jurídico Magis. Advogada atuante desde 2021.

Nesse ínterim, o presente trabalho tem como objetivo analisar a violência de gênero contra a mulher como uma forma de violação aos direitos humanos, ocupando-se da análise da figura da mulher na sociedade e dos principais aspectos envoltos na temática dos direitos humanos.

Para tanto, recorreu-se ao método dedutivo, enquadrando-se na vertente técnica jurídico sociológica, tendo como fontes de pesquisa primária o sistema especial de proteção aos direitos das mulheres, composto por tratados e convenções internacionais, a Constituição Federal do Brasil e a legislação nacional, e como fontes secundárias a doutrina e artigos correlatos ao tema.

2   A FIGURA DA MULHER NA SOCIEDADE

Desde o surgimento das relações familiares, as mulheres já nasciam e eram educadas com o perfil de satisfazer e atender aos homens, prevalecendo assim à ideia de superioridade masculina.[2] Nessa perspectiva, cabe apontar as ideias de Rousseau quando considera que "toda a educação da mulher deve ser relativa ao homem", sendo feita "para ceder ao homem e suportar-lhe as injustiças".[3]

Nem mesmo o movimento da Revolução Francesa que pregava liberdade, igualdade e fraternidade reconhecia a igualdade entre os gêneros. Por motivos de ordem histórico-cultural a mulher se distancia do homem como sujeito de direitos, mantendo-se a margem e subjulgada, relação esta que se mantêm até os dias atuais. A ideia de inferioridade feminina reflete a de posse masculina, situação em que a mulher não é vista como detentora de direitos, mas sim como um bem, uma coisa.

É notória a constante tentativa de se negar direitos as mulheres. No ano de 1789, época em que foi realizada a Declaração dos Direitos do Homem e do Cidadão, a ativista Olympe de Gouges, sustentando que a mulher nasce livre e mantém-se igual ao homem no direito, apresentou

---

[2] PEREIRA, Sarah Batista Santos. **Assédio Sexual no Ambiente de Trabalho**: uma análise à luz dos direitos das mulheres. Seattle: Independently Published, 2022.
[3] BARROS, Alice Monteiro de. **Curso de direito do trabalho**. 10. Ed. São Paulo: LTr, 2016, p.739.

um projeto de Declaração dos Direitos da Mulher. Infelizmente a defensora da emancipação feminina foi guilhotinada em 3 de novembro de 1793. A partir de então, não só a legislação civil e política subsequentes na Europa reforçaram a inferioridade feminina, mas também foram proibidas todas as organizações de mulheres.[4]

Analisando criticamente a necessidade de uma Declaração de Direitos da Mulher para resguardar o sexo feminino, evidencia-se a diferença formal e material entre os sexos. Foi necessário delinear um diploma próprio para que as mulheres tivessem resguardados garantias e direitos mínimos.

Nessa mesma linha de intelecção, Simone de Beauvoir levanta a reflexão acerca do ser feminino como um ser a parte ao elencar que: "A mulher determina-se e diferencia-se em relação ao homem, e não este em relação a ela; a fêmea é o inessencial perante o essencial. O homem é o Sujeito, o Absoluto; ela é o Outro".[5]

> A violência contra a mulher por muitos anos ficou adstrita à esfera privada, principalmente porque os papeis exercidos por homens e mulheres na sociedade sempre foram muito bem delimitados, cabendo a mulher a manutenção do lar e os cuidados com a prole, enquanto ao homem cabia o sustento da casa. Não bastasse isso, também por questões culturais, a relação entre os gêneros sempre foi desigual, a mulher, em maior ou menor grau, a depender do momento histórico e da sociedade analisada, sempre se apresentou submissa ao homem.[6]

Por todo exposto, infere-se que as distinções entre os sexos são fruto de uma inferioridade presumida vinculada com a função feminina no ambiente familiar e seu papel na sociedade. A violência de gênero se motiva pelo *status* secundário ocupado pela mulher, imposto pelo

---

[4] BARROS, Alice Monteiro de. **Curso de direito do trabalho**. 10. Ed. São Paulo: LTr, 2016.

[5] BEAUVOIR, Simone de. **O segundo sexo**: Fatos e Mitos; tradução Sérgio Milliet. 3. Ed. Rio de Janeiro: Nova Fronteira, 2016, p.13.

[6] PEREIRA, Sarah Batista Santos. **Parte 1: Os avanços e a (in)eficácia da Lei Maria da Penha**. Magis, 2021. Disponível em: https://magis.agej.com.br/parte-1-os-avancos-e-a-ineficacia-da-lei-maria-da-penha/. Acesso em: 07 fev. 2023.

patriarcado, mediante a falsa percepção de posse masculina e de serventia feminina, o que provoca uma real e sistemática violação de direitos.

3   CONSIDERAÇÕES SOBRE OS DIREITOS HUMANOS

A dimensão internacional dos direitos humanos se apresenta como fenômeno recente na história mundial, consolidando-se a partir da Segunda Guerra Mundial. Entretanto, necessário ressaltar que outros processos para a internacionalização de direitos já haviam sido tomados anteriormente, por exemplo, o advento da Organização Internacional do Trabalho, da Liga das Nações e do Direito Humanitário, que começaram a flexibilizar a noção de soberania nacional, admitindo intervenções no âmbito internacional em prol da proteção dos direitos humanos.[7]

Como sintetiza Flávia Piovesan:

> No momento em que os seres humanos se tornam supérfluos e descartáveis, no momento em que vige a lógica da destruição, em que cruelmente se abole o valor da pessoa humana, torna-se necessária a reconstrução dos direitos humanos, como paradigma ético capaz de restaurar a lógica do razoável.[8]

Os direitos humanos consistem em um conjunto de direitos considerados essenciais e indispensáveis para uma vida humana pautada na liberdade, igualdade e dignidade.

Tendo em vista que as necessidades humanas variam de acordo com a localidade e contexto histórico e social de uma época, não há um

---

[7] MONTEBELLO, Mariana. A Proteção Internacional aos Direitos da Mulher. **Revista da EMERJ**, v.3, n.11, 2000. p.155-170. Disponível em: https://www.emerj.tjrj.jus.br/revistaemerj_online/edicoes/revista11/revista11_155.pdf. Acesso em: 03 fev. 2023.

[8] PIOVESAN, Flávia. **Direitos humanos e o direito constitucional internacional**. São Paulo: Saraiva, 2013, p.191. Disponível em: http://professor.pucgoias.edu.br/SiteDocente/admin/arquivosUpload/17973/material/Fl%C3%A1via%20Piovesan%20DH%20Direito%20Constitucional.pdf. Acesso em: 02 fev. 2023.

rol predeterminado que fixe um conjunto mínimo de direitos essenciais, sendo continuamente inseridas na lista novas demandas sociais.[9]

Primariamente os direitos humanos buscam a garantia da solidariedade, igualdade, fraternidade, liberdade e dignidade. Buscando garantir tal gama de direitos, o Estado Brasileiro materializou na Constituição Federal um modelo de ordenamento jurídico que garanta ao indivíduo o direito de ter sua dignidade respeitada independentemente de sua origem, etnia, raça, convicção econômica, orientação política, classe social, idade, identidade sexual, orientação ou credo religioso.

> Art. 5º Todos são iguais perante a lei, sem distinção de qualquer natureza, garantindo-se aos brasileiros e aos estrangeiros residentes no País a inviolabilidade do direito à vida, à liberdade, à igualdade, à segurança e à propriedade [...].[10]

O *caput* do artigo 5° representa uma das maiores conquistas das mulheres Brasileiras, já que a Constituição de 1988 é a primeira a estabelecer plena igualdade jurídica entre homens e mulheres no Brasil. Apesar de não ser colocado em prática em sua integralidade o texto constitucional mudou o *status* jurídico das brasileiras, conduzindo importantes avanços uma vez que até 1988 não era reconhecida juridicamente a igualdade de direitos e garantias entre os gêneros.

No detalhamento dos sujeitos de direitos, o sistema internacional passa a formalizar sistemas específicos de proteção destinados a proteção especial às crianças, aos idosos, às mulheres, às vítimas de tortura, às vítimas de discriminação racial e demais indivíduos em situação de vulnerabilidade.[11] É precisamente nesse ambiente que são elaboradas

---

[9] RAMOS, André de Carvalho. **Curso de direitos humanos.** São Paulo: Saraiva, 2014. Disponível em: http://pergamum.ifsp.edu.br/pergamumweb/vinculos/000044/000044 dd.pdf. Acesso em: 02 fev. 2023.

[10] BRASIL. **Constituição da República Federativa do Brasil de 1988.** Distrito Federal, Planalto, 1988. Disponível em: http://www.planalto.gov.br/ccivil_03/constituicao /cons tituicaocompilado.htm. Acesso em: 02 fev. 2023.

[11] MONTEBELLO, Mariana. A Proteção Internacional aos Direitos da Mulher. **Revista da EMERJ,** v.3, n.11, 2000. P. 155-170. Disponível em:

convenções internacionais preocupadas em oferecer proteção especial às mulheres e a coibir a violência de gênero.

4 SISTEMA ESPECIAL DE PROTEÇÃO AOS DIREITOS DA MULHER

Os direitos das mulheres passaram a compor as discussões públicas durante o século XVIII. A exigência de liberdade, igualdade e fraternidade, oriunda da Revolução Francesa, impulsionou diversos questionamentos em relação aos direitos civis e políticos da humanidade.[12] Outrossim o movimento feminista e a tomada de consciência das mulheres foram determinantes para impugnar, criticar e desestabilizar a relação díspar e injusta a que as mulheres são submetidas.

A universalidade dos direitos humanos é comprometida pela ausência do reconhecimento que a humanidade é feita de dois sexos, diferentes e iguais em direitos e deveres. Com a tomada de consciência da comunidade internacional acerca da posição da mulher no mundo, passou-se a conferir especial atenção quanto a igualdade de condições e direitos.[13]

4.1 Convenção sobre a Eliminação de Todas as Formas de Discriminação Contra as Mulheres

A Convenção sobre a Eliminação de Todas as Formas de Discriminação Contra as Mulheres, de 1979, denominada Convenção da Mulher, é o primeiro tratado internacional que dispõe amplamente sobre os direitos humanos da mulher. O documento trata expressamente sobre

---

https://www.emerj.tjrj.jus.br/revistaemerj_online/edicoes/revista11/revista11_1 55.pdf. Acesso em: 03 fev. 2023.

[12] NOVO, Benigno Nuñez. **A violência de gênero como uma violação de direitos humanos no Brasil e na Espanha**. JusBrasil, 2022. Disponível em: https://benignonovonovo.jusbrasil.com.br/artigos/1347709044/a-violencia-de-genero-como-uma-violacao-de-direitos-humanos-no-brasil-e-na-espanha. Acesso em: 02 fev. 2023.

[13] OLIVEIRA, Rosiska Darcy de. **As mulheres, os direitos humanos e a Democracia**. Domínio Público, 2023. Disponível em: http://www.dominiopublico.gov.br/ download/texto/mre000069.pdf. Acesso em: 02 fev. 2023.

os direitos humanos das mulheres, tendo como principais parâmetros a eliminação da discriminação e a garantia da igualdade. A elaboração da Convenção da Mulher foi o ápice de décadas de esforços internacionais visando a proteção e a promoção dos direitos das mulheres no mundo.[14]

Segundo o artigo 1° compreende-se por discriminação contra a mulher:

> (...) qualquer distinção, exclusão ou restrição baseada no sexo que tenha como efeito ou como objetivo comprometer ou destruir o reconhecimento, o gozo ou o exercício pelas mulheres, seja qual for o seu estado civil, com base na igualdade dos homens e das mulheres, dos direitos do homem e das liberdades fundamentais nos domínios, político, económico, social, cultural e civil ou em qualquer outro domínio.[15]

Nas disposições do artigo 4° a Convenção prevê a possibilidade de adoção de "ações afirmativas", como importante medida a ser adotada pelos Estados na busca por acelerar o processo de igualdade. Trata-se de medidas temporárias especiais e de cunho compensatório, visando remediar as desvantagens históricas entre os sexos, aliviando as desigualdades resultantes de um passado discriminatório.[16]

> Entre as previsões da Convenção está a urgência em erradicar todas as formas de discriminação contra as mulheres, a fim de garantir o pleno exercício de seus direitos civis e políticos, como também de seus direitos sociais, econômicos e culturais. Ao ratificar a Convenção, os Estados partes assumem o

---

[14] ONU. **Convenção sobre a Eliminação de Todas as Formas de Discriminação contra as Mulheres. Plataforma Mulheres.** Plataforma Mulheres, 1979. Disponível em: https://plataformamulheres.org.pt/docs/PPDM-CEDAW-pt.pdf. Acesso em: 02 fev. 2023.

[15] ONU. **Convenção sobre a Eliminação de Todas as Formas de Discriminação contra as Mulheres. Plataforma Mulheres.** Plataforma Mulheres, 1979, p.2. Disponível em: https://plataformamulheres.org.pt/docs/PPDM-CEDAW-pt.pdf. Acesso em: 02 fev. 2023.

[16] ONU. **Convenção sobre a Eliminação de Todas as Formas de Discriminação contra as Mulheres. Plataforma Mulheres.** Plataforma Mulheres, 1979. Disponível em: https://plataformamulheres.org.pt/docs/PPDM-CEDAW-pt.pdf. Acesso em: 02 fev. 2023.

compromisso de, progressivamente, eliminar todas as formas de discriminação no que tange ao gênero, assegurando a efetiva igualdade entre eles.[17]

A Convenção foi elaborada com duplo fundamento: eliminar a discriminação e assegurar a igualdade, de modo que objetiva não só erradicar a discriminação contra a mulher e suas causas, como também estimular estratégias de promoção da igualdade.

4.2 Convenção Interamericana para Prevenir, Punir e Erradicar a Violência contra a Mulher

Somente no ano de 1993, na Conferência das Nações Unidas sobre Direitos Humanos, em Viena, a violência contra a mulher foi definida formalmente como violação aos direitos humanos, o que foi proclamado, em 1994, pela Convenção Interamericana para Prevenir, Punir e Erradicar a Violência Doméstica.[18]

Nos termos da Conferência:

> 18. Os direitos humanos das mulheres e das meninas são inalienáveis e constituem parte integral e indivisível dos direitos humanos universais. A plena participação das mulheres, em condições de igualdade, na vida política, civil, econômica, social e cultural nos níveis nacional, regional e internacional e a erradicação de todas as formas de discriminação, com base no sexo, são objetivos prioritários da comunidade internacional.[19]

> 36. A Conferência Mundial sobre Direitos Humanos insta firmemente que as mulheres tenham acesso pleno e igual a todos os direitos humanos e que isto seja uma prioridade para

---

[17] PIOVESAN, Flávia. **Direitos humanos e o direito constitucional internacional**. São Paulo: Saraiva, 2013, p.270. Disponível em: http://professor.pucgoias.edu.br/SiteDocente/ad min/arquivosUpload/17973/material/Fl%C3%A1via%20Piovesan%20DH%20 Direito%20Constitucional.pdf. Acesso em: 02 fev. 2023.

[18] DIAS, Maria Berenice. **A Lei Maria da Penha na Justiça**. Salvador: Editora JusPodvm, 2018.

[19] ONU. **Declaração e Programa de Ação de Viena**. ONU Mulheres, 1993, p.5. Disponível em: https://www.onumulheres.org.br/wp-content/uploads/2013/03 /declaracao_viena .pdf. Acesso em: 02 fev. 2023.

os Governos e as Nações Unidas. A Conferência Mundial sobre Direitos Humanos enfatiza também a importância da integração e plena participação das mulheres como agentes e beneficiárias do processo de desenvolvimento e reitera os objetivos estabelecidos em relação à adoção de medidas globais em favor das mulheres, visando ao desenvolvimento sustentável e equitativo (...).[20]

Conhecida como "Convenção Belém do Pará", se prestou a ampliar a proteção aos direitos humanos das mulheres, verifica-se que

A partir desta convenção surgiram valiosas estratégias para a proteção internacional dos direitos humanos das mulheres, merecendo destaque o mecanismo das petições à Comissão Interamericana de Direitos Humanos, o primeiro tratado internacional de proteção dos direitos humanos a reconhecer a violência contra a mulher como um fenômeno generalizado, que alcança, sem distinção de raça, classe, religião, idade ou qualquer outra condição, um elevado número de mulheres em todo o mundo.[21]

O diploma internacional declara que a violência contra a mulher constitui grave violação aos direitos humanos fundamentais e ofensa à dignidade humana, sendo uma forma de manifestação das relações de poder historicamente desiguais construída entre homens e mulheres. Assim o movimento das mulheres deu à temática da cidadania feminina visibilidade e legitimidade como tema global, e através do reconhecimento formal da diferença sem hierarquia entre os sexos o final do século XX é marcado por um novo patamar civilizatório.

O amplo movimento e articulação das mulheres têm colaborado para aquisição e reconhecimento de direitos. Devido ao crescimento do movimento feminista e a tomada de consciência da disparidade entre os gêneros é que temas como a violência doméstica, direitos sexuais e

---

[20] ONU. **Declaração e Programa de Ação de Viena**. ONU Mulheres, 1993, p.10. Disponível em: https://www.onumulheres.org.br/wp-content/uploads/2013/03 /declaracao_viena .pdf. Acesso em: 02 fev. 2023.
[21] NOVO, Benigno Nuñez. **A violência de gênero como uma violação de direitos humanos no Brasil e na Espanha**. JusBrasil, 2022. Disponível em: https://benignonovonovo.jusbrasil.com.br/artigos/1347709044/a-violencia-de-genero-como-uma-violacao-de-direitos-humanos-no-brasil-e-na-espanha. Acesso em: 02 fev. 2023.

reprodutivos e direitos sociais específicos têm sido incluídos nas discussões acerca dos direitos humanos e sua efetivação, seja no âmbito internacional ou nacional.

Em que pese os avanços sejam inquestionáveis, a efetivação de tais direitos é constantemente tencionada e desafiada pela realidade de violação a direitos humanos e garantias mínimas existenciais. Ainda é problemática a concretização de direitos formalmente garantidos, uma vez que inúmeras barreiras impedem a efetiva igualdade de gênero e sua implementação na realidade das mulheres.

5 A VIOLÊNCIA DE GÊNERO NO BRASIL COMO FORMA DE VIOLAÇÃO A DIREITOS HUMANOS

Inicialmente se faz necessário uma breve diferenciação entre sexo e gênero: ao se falar de sexo trata-se meramente de aspectos físicos e biológicos entre macho e fêmea presentes em todas as espécies; já ao se falar de gênero trata-se unicamente da espécie humana, visto que engloba aspectos sociais, culturais, relacionais, políticos e econômicos, contrapondo-se a ideia de que a diferença entre os gêneros é unicamente biológica e natural.

Conclui-se que o "gênero" é entendido como uma construção cultural, devendo o termo ser utilizado para explicar as diferenças construídas entre homens e mulheres na sociedade.[22]

Ponderando sobre a construção de gênero, Elainny Albino da Silva e Viviane Braga de Oliveira dispõem no seguinte sentido:

> (...) a formação tanto do homem quanto da mulher ocorre de maneira cultural, relacional e processual. Contudo, a formação da mulher possui particularidades, principalmente por estar inserida e, consequentemente, atravessada por uma sociedade que foi e continua sendo patriarcal. Nesse sentido, devido a essa desigualdade entre os gêneros onde o homem é

---

[22] SILVA, Elainny Albino da; OLIVEIRA, Viviane Braga de. Violência contra a mulher e os Direitos Humanos. **IX Jornada Internacional de Políticas Públicas**. Universidade Federal de Maranhão, 2019. Disponível em: http://www.joinpp.ufma.br/jornadas /joinpp2019/images/trabalhos/trabalho_submissaoId_1060_10605cc7b664d2e7 2.pdf. Acesso em: 04 fev. 2023.

considerado superior e detentor do poder, surge à violência contra a mulher. Vale ressaltar que essa violência percorre desde os tempos mais remotos da humanidade até os dias atuais, mesmo com o advento de leis que protegem as mulheres.[23]

Nessa toada, pode-se definir violência de gênero como "qualquer tipo de agressão física, psicológica, sexual ou simbólica contra alguém em situação de vulnerabilidade devido a sua identidade de gênero ou orientação sexual."[24] No que toca a violência de gênero Matlene Neves Strey pondera que a "violência de gênero é aquela que incide, abrange e acontece sobre/com as pessoas em função do gênero ao qual pertencem. Isto é, a violência acontece porque alguém é homem ou é mulher."[25]

Em regra, esse tipo de violência atinge majoritariamente as mulheres, seja em razão de sua força física inferior à do homem, ou ainda pelo subjugo oriundo da cultura machista e patriarcal, acarretando no papel social reduzido de mãe, esposa e dona de casa. Nesse viés a violência de gênero pode ser descrita como sinônimo de violência contra a mulher.

> Embora a violência de gênero possa incidir sobre homens e mulheres, os estudos e estatísticas existentes demonstram que grande parte desta violência é cometida sobre as mulheres, por

---

[23] SILVA, Elainny Albino da; OLIVEIRA, Viviane Braga de. Violência contra a mulher e os Direitos Humanos. **IX Jornada Internacional de Políticas Públicas**. Universidade Federal de Maranhão, 2019, p.7. Disponível em: http://www.joinpp.ufma.br/jornadas /joinpp2019/images/trabalhos/trabalho_submissaoId_1060_10605cc7b664d2e7 2.pdf. Acesso em: 04 fev. 2023.

[24] SANTOS, Rahellen. **O que é violência de gênero e como se manifesta?** Politize, 2020. Disponível em: https://www.politize.com.br/violencia-de-genero-2/?https://www. politize.com.br/&gclid=CjwKCAiA_vKeBhAdEiwAFb_nrUabsSOxlpBWQY Kt8ta1Nj28G-rp4SW9JyFsIwgWf1J6z0siUtEC7xoCFEsQAvD_BwE. Acesso em: 04 fev. 2023.

[25] STREY, Marlene Neves. **Violência de gênero: Uma questão complexa e interminável**. Porto Alegre: EDIPUCRS, 2004, p.13. Disponível em: https://books.google. com.br/books?id=VSEPqowQz0QC&printsec=frontcover&hl=ptBR#v=onepag e&q&f=false. Acesso em: 07 fev. 2023.

homens, com consequências físicas e psicológicas muito mais graves, severas e daninhas para as mulheres.[26]

A violência de gênero como fator estruturante das sociedades latino-americanas é uma realidade que se traduz no Brasil em dados, fatos e dores. Originária de uma colonização que normalizou a hierarquização de pessoas, os corpos femininos são vistos como espaços "públicos" a serem dominados, em que as violências em suas mais diversas formas são autorizadas.[27] Por tais razões que Brenda Fernandes e Carla Cerqueira afirmam que a violência contra a mulher não pode ser considerada como uma violência qualquer ou como um ato isolado.[28]

No âmbito nacional a Lei n° 11.340/06, conhecida popularmente como "Lei Maria da Penha", tutela a violência doméstica e familiar contra a mulher, sendo reconhecida internacionalmente como uma das três melhores do mundo em relação ao combate à violência contra as mulheres.

A lei cria mecanismos para coibir e prevenir a violência doméstica e familiar contra a mulher, definindo a conduta como "qualquer ação ou omissão baseada no gênero que lhe cause morte, lesão, sofrimento físico, sexual ou psicológico e dano moral ou patrimonial" (artigo 5°), e reconhece que a violência doméstica e familiar contra as mulheres constitui uma forma de violação aos direitos humanos (artigo 6°).[29]

---

[26] STREY, Marlene Neves. **Violência de gênero: Uma questão complexa e interminável**. Porto Alegre: EDIPUCRS, 2004, p.16. Disponível em: https://books.google. com.br/books?id=VSEPqowQz0QC&printsec=frontcover&hl=ptBR#v=onepage&q&f=false. Acesso em: 07 fev. 2023.

[27] RAMOS, Adriana. **Violência de gênero no Brasil: uma análise racionalizada e com a aposta na escuta**. Consultor Jurídico, 2021. Disponível em: https://www.conjur. com.br/2021-dez-13/adriana-ramos-consideracoes-violencia-genero-brasil. Acesso em: 05 fev. 2023.

[28] FERNANDES, Brenda; CERQUEIRA, Carla. A violência contra as mulheres como uma violação aos direitos humanos: do positivado ao noticiado. **Gênero & Direitos Humanos**. Periódico do Núcleo de Estudos e Pesquisas sobre Gênero e Direito. Universidade Federal da Paraíba, 2017. Disponível em: https://perio dicos.ufpb.br/index.php/ged/issue/view/1616/153. Acesso em: 05 fev. 2023.

[29] BRASIL. **Lei n° 11.340, de 7 de agosto de 2006**. Distrito Federal, Planalto, 2006. Disponível em: http://www.planalto.gov.br/ccivil_03/_ato2004-2006/2006/lei/l11340 .htm. Acesso em: 04 fev. 2023.

A problemática nacional com relação a violência de gênero é uma questão tão grave e sistêmica que no ano de 2015 a Lei nº 13.104/15 tornou o assassinato de mulheres envolvendo violência doméstica e questões de gênero como uma das formas de homicídio qualificando, transferindo o crime para o rol de crimes hediondos.[30]

De acordo com a estimativa global publicada pela OMS (Organização Mundial da Saúde) em 2017, uma em cada três mulheres em todo o mundo já foram vítimas de violência física ou sexual durante a sua vida.[31] Uma pesquisa realizada em parceria com o G1, Fórum Brasileiro de Segurança Pública e Núcleo de Estudos da Violência da Universidade de São Paulo (USP), mais de 4.700 feminicídios foram registrados no Brasil durante os cinco anos seguintes a entrada em vigor da lei do feminicídio.[32]

Os dados expostos enunciam que a violência de gênero, instalada com naturalidade na cultura brasileira, sai da invisibilidade pela ação de movimentos feministas e de reinvindicações por igualdade de direitos. Apesar de todos os avanços a violência de gênero ainda permeia as relações interpessoais nos mais diversos contextos sociais, constituindo em gravíssima humilhação e negação dos direitos mais básicos de cidadania.[33]

Logo não se pode desvincular a violência contra a mulher dos direitos humanos, que são inerentes à pessoa humana, independente de

---

[30] BRASIL. **Lei nº 13.104, de 9 de março de 2015**. Distrito Federal, Planalto, 2015. Disponível em: https://www.planalto.gov.br/ccivil_03/_ato2015-2018/2015/lei/l13104.htm. Acesso em: 04 fev. 2023.

[31] OLIVEIRA, Rosiska Darcy de. **As mulheres, os direitos humanos e a Democracia.** Domínio Público, 2023. Disponível em: http://www.dominiopublico.gov.br/ download/texto/mre000069.pdf. Acesso em: 02 fev. 2023.

[32] RAMOS, Raphaela. **Lei do feminicídio completa cinco anos.** Entenda por que ela é necessária. Portal Galedés, 2020. Disponível em: https://www.geledes.org.br/lei-do-feminicidio-completa-cinco-anos-entenda-por-que-ela-e-necessaria/?gclid=Cj0KCQiA ofieBhDXARIsAHTTldoyzdFBJuyUfR1m_baIbteW7zIjh_4LNrPh85Vz63He EccrqC5fNSEaAnaHEALw_wcB. Acesso em: 06 fev. 2023.

[33] OLIVEIRA, Rosiska Darcy de. **As mulheres, os direitos humanos e a Democracia.** Domínio Público, 2023. Disponível em: http://www.dominiopublico.gov.br/ download/texto/mre000069.pdf. Acesso em: 02 fev. 2023.

sexo, raça/etnia, classe social, orientação sexual e devem ser resguardados e respeitados como preceitos básicos para garantia de uma vida digna, mas atravessados pela desigualdade entre os gêneros.

> A presença do patriarcado ainda presente nos dias atuais institui o sistema de dominação/exploração das mulheres pelos homens. Dessa forma, a sociedade patriarcal reforça a desigualdade de gênero, onde a mulher é colocada como subordinada enquanto o homem é detentor de poder.[34]

A intensa desigualdade entre os gêneros influi diretamente na crescente e constante violência contra as mulheres. Os casos de violência enfrentados pelas mulheres, em suas diferentes formas, evidenciam como a sociedade coloca a mulher em uma posição de inferioridade, tratando-se de um verdadeiro desrespeito a dignidade humana.

> A violência constitui uma das formas de violação aos direitos humanos. Há que se lembrar que o autoritarismo, o machismo e os preconceitos que se manifestam nas relações afetivas e na sexualidade ainda definem a dinâmica de cotidiano de muitas mulheres, crianças e adolescentes, sendo herança inclusive de nossa história de colonização.[35]

Tratar o ser feminino como inferior atua na legitimação da desigualdade e da submissão da mulher por meio da violência em suas diversas formas: a agressão física, a moral, a deslegitimação, a vitimização, o descredito. O movimento feminista, apesar de todos os entraves, vem realizando conquistas em relação aos direitos das mulheres, razão pela qual se faz cada vez mais necessário manter e fomentar os debates sobre a temática, sendo a visibilidade e a

---

[34] SILVA, Elainny Albino da; OLIVEIRA, Viviane Braga de. Violência contra a mulher e os Direitos Humanos. **IX Jornada Internacional de Políticas Públicas**. Universidade Federal de Maranhão, 2019, p.1-2. Disponível em: http://www.joinpp.ufma.br/jornadas /joinpp2019/images/trabalhos/trabalho_submissaoId_1060_10605cc7b664d2e7 2.pdf. Acesso em: 04 fev. 2023.

[35] SILVA, Marco Antônio Marques da; SILVA, Evani Zambon Marques da. A Tutela dos direitos humanos e a violência de gênero. 2016. **Em tempo**. Marilia, v. 15, 2016, p. 273-295, p.14. Disponível em: https://revista.univem.edu.br/emtempo/article/view/2105/ 486. Acesso em: 07 fev. 2023.

comunicação uma das formas mais eficazes de conscientizar, prevenir e proteger as mulheres.

6   CONSIDERAÇÕES FINAIS

Toda a análise se volta para a conclusão de que a violência de gênero é uma forma cruel de violação a direitos humanos, sendo um dos mecanismos para manter a mulher em uma posição de submissão e inferioridade, negando-as direitos básicos e fundamentais para o exercício de uma vida digna.

Através da realização do presente estudo, verificou-se que a subjugação e inferioridade da mulher em relação ao homem é fruto de uma complexa construção social que manteve – e mantem- a mulher nesse *status*, ocasionando na crescente e constante violação a direitos básicos.

Apesar da existência de instrumentos internacionais e nacionais que positivam a igualdade entre os gêneros e a garantia de direitos básicos, infere-se pelos dados estatísticos apresentados que a violência contra a mulher é uma prática cotidiana.

Devido a toda questão cultural e histórica relacionada, identifica-se que não é possível interpretar a violência de gênero como uma violência qualquer ou um ato isolado, mas sim uma verdadeira violação aos direitos humanos. O exercício pleno de tais direitos é dificultado pela sociedade machista e patriarcal que insiste em manter as mulheres no plano secundário.

A violência contra a mulher viola o princípio constitucional da dignidade humana, viola normas de direito internacional, obstaculiza a realização da democracia e impede a realização dos direitos sociais. São inúmeros os desafios e impasses para que esses direitos sejam implementados, por isso a importância em manter a temática concernente aos direitos das mulheres em evidência, sempre buscando meios para superar os obstáculos, visando o efetivo cumprimento dos direitos e garantias, pois só assim será possível garantir respeito, igualdade de condições e direitos, exigências basilares para o pleno exercício de uma vida digna.

REFERÊNCIAS

BARROS, Alice Monteiro de. **Curso de direito do trabalho**. 10. Ed. São Paulo: LTr, 2016.

BEAUVOIR, Simone de. **O segundo sexo:** Fatos e Mitos; tradução Sérgio Milliet. 3. Ed. Rio de Janeiro: Nova Fronteira, 2016.

BRASIL. **Constituição da República Federativa do Brasil de 1988**. Distrito Federal, Planalto, 1988. Disponível em: http:// www.planalto.gov.br/ccivil_03/constituicao /cons tituicaocompilado.htm. Acesso em: 02 fev. 2023.

BRASIL. **Lei nº 11.340, de 7 de agosto de 2006**. Distrito Federal, Planalto, 2006. Disponível em: http://www.planalto.gov.br/ccivil_03/_ato2004-2006/2006/lei/l11340 .htm. Acesso em: 04 fev. 2023.

BRASIL. **Lei nº 13.104, de 9 de março de 2015**. Distrito Federal, Planalto, 2015. Disponível em: https://www.planalto.gov.br/ccivil_03/_ato2015-2018/2015/lei/l13104 .htm. Acesso em: 04 fev. 2023.

DIAS, Maria Berenice. **A Lei Maria da Penha na Justiça**. Salvador: Editora JusPodvm, 2018.

FERNANDES, Brenda; CERQUEIRA, Carla. A violência contra as mulheres como uma violação aos direitos humanos: do positivado ao noticiado. **Gênero & Direitos Humanos**. Periódico do Núcleo de Estudos e Pesquisas sobre Gênero e Direito. Universidade Federal da Paraíba, 2017. Disponível em: https://perio dicos.ufpb.br/index.php/ged/issue/view/1616/153. Acesso em: 05 fev. 2023.

MONTEBELLO, Mariana. A Proteção Internacional aos Direitos da Mulher. **Revista da EMERJ**, v.3, n.11, 2000. P. 155-170. Disponível em: https://www.emerj.tjrj.jus.br/revistaemerj_online/edicoes/revista11/revi sta11_155.pdf. Acesso em: 03 fev. 2023.

NOVO, Benigno Nuñez. **A violência de gênero como uma violação de direitos humanos no Brasil e na Espanha**. JusBrasil, 2022. Disponível em: https://benignonovonovo.jusbrasil.com.br/artigos/1347709044/a-violencia-de-genero-como-uma-violacao-de-direitos-humanos-no-brasil-e-na-espanha. Acesso em: 02 fev. 2023.

OLIVEIRA, Rosiska Darcy de. **As mulheres, os direitos humanos e a Democracia.** Domínio Público, 2023. Disponível em: http://www.dominiopublico.gov.br/ download/texto/mre000069.pdf. Acesso em: 02 fev. 2023.

ONU. **Convenção sobre a Eliminação de Todas as Formas de Discriminação contra as Mulheres. Plataforma Mulheres.** Plataforma Mulheres, 1979. Disponível em: https://plataformamulheres.org.pt/docs/PPDM-CEDAW-pt.pdf. Acesso em: 02 fev. 2023.

ONU. **Declaração e Programa de Ação de Viena.** ONU Mulheres, 1993. Disponível em: https://www.onumulheres.org.br/wp-content/uploads/2013/03 /declaracao_viena .pdf. Acesso em: 02 fev. 2023.

PEREIRA, Sarah Batista Santos. **Parte 1: Os avanços e a (in)eficácia da Lei Maria da Penha.** Magis, 2021. Disponível em: https://magis.agej.com.br/parte-1-os-avancos-e-a-ineficacia-da-lei-maria-da-penha/. Acesso em: 07 fev. 2023.

PEREIRA, Sarah Batista Santos. **Assédio Sexual no Ambiente de Trabalho**: uma análise à luz dos direitos das mulheres. Seattle: Independently Published, 2022.

PIOVESAN, Flávia. **Direitos humanos e o direito constitucional internacional.** São Paulo: Saraiva, 2013. Disponível em: http://professor.pucgoias.edu.br/SiteDocente/ad min/arquivosUpload/17973/material/Fl%C3%A1via%20Piovesan%20D H%20Direito%20Constitucional.pdf. Acesso em: 02 fev. 2023.

RAMOS, Adriana. **Violência de gênero no Brasil: uma análise racionalizada e com a aposta na escuta.** Consultor Jurídico, 2021. Disponível em: https://www.conjur. com.br/2021-dez-13/adriana-ramos-consideracoes-violencia-genero-brasil. Acesso em: 05 fev. 2023.

RAMOS, André de Carvalho. **Curso de direitos humanos.** São Paulo: Saraiva, 2014. Disponível em:

http://pergamum.ifsp.edu.br/pergamumweb/vinculos/000044/000044 dd.pdf. Acesso em: 02 fev. 2023.

RAMOS, Raphaela. **Lei do feminicídio completa cinco anos.** Entenda por que ela é necessária. Portal Galedés, 2020. Disponível em: https://www.geledes.org.br/lei-do-feminicidio-completa-cinco-anos-entenda-por-que-ela-e-necessaria/?gclid=Cj0KCQiA ofieBhDXARIsAHTTldoyzdFBJuyUfR1m_baIbteW7zIjh_4LNrPh85V z63HeEccrqC5fNSEaAnaHEALw_wcB. Acesso em: 06 fev. 2023.

SANTOS, Rahellen. **O que é violência de gênero e como se manifesta?** Politize, 2020. Disponível em: https://www.politize.com.br/violencia-de-genero-2/?https://www. politize.com.br/&gclid=CjwKCAiA_vKeBhAdEiwAFb_nrUabsSOxlp BWQYKt8ta1Nj28G-rp4SW9JyFsIwgWf1J6z0siUtEC7xoCFEsQAvD_BwE. Acesso em: 04 fev. 2023.

SILVA, Elainny Albino da; OLIVEIRA, Viviane Braga de. Violência contra a mulher e os Direitos Humanos. **IX Jornada Internacional de Políticas Públicas.** Universidade Federal de Maranhão, 2019. Disponível em: http://www.joinpp.ufma.br/jornadas /joinpp2019/images/trabalhos/trabalho_submissaoId_1060_10605cc7b6 64d2e72.pdf. Acesso em: 04 fev. 2023.

SILVA, Marco Antônio Marques da; SILVA, Evani Zambon Marques da. A Tutela dos direitos humanos e a violência de gênero. 2016. **Em tempo.** Marilia, v. 15, 2016, p. 273-295. Disponível em: https://revista.univem.edu.br/emtempo/article/view/2105/ 486. Acesso em: 07 fev. 2023.

STREY, Marlene Neves. **Violência de gênero: Uma questão complexa e interminável.** Porto Alegre: EDIPUCRS, 2004. Disponível em: https://books.google. com.br/books?id=VSEPqowQz0QC&printsec=frontcover&hl=ptBR#v= onepage&q&f=false. Acesso em: 07 fev. 2023.

SEM PENA DO DIREITO PENAL

PRIVACIDADE, INDIVIDUALISMO E AUTORITARISMO DE ESTADO: AS ARMADILHAS POSTAS NO PROCESSO PENAL PARA NÃO FAZER VALER O DIREITO À INTIMIDADE

6

Rafael de Deus Garcia[1]

Neste ensaio, abordo o individualismo como uma das raízes fundamentais que contribuem para a compreensão danosa da noção de privacidade e sua complexa relação com o autoritarismo de Estado. Apesar do aparente paradoxo, exploro como o individualismo pode se manifestar em uma dependência colonial e racial, e como essa dinâmica impõe armadilhas sobre o processo penal.

Através de uma análise crítica, este estudo examinará os mecanismos pelos quais o individualismo influencia as estruturas de poder do Estado por meio do processo penal, bem como suas ramificações. Dessa forma, pretendo contribuir para um entendimento mais amplo e aprofundado dos desafios enfrentados na proteção dos direitos individuais e coletivos frente às crescentes demandas por segurança e controle estatal.

Para conceituar individualismo, uma boa referência é Tocqueville, "o primeiro a escrever sobre a crença na autonomia como liberdade" e

[1] Doutor e Mestre em Direito pela Universidade de Brasília (UnB) na área de Processo Penal. Foi Professor Substituto na Universidade Federal de Lavras (UFLA). Possui graduação em Direito pela Universidade de Brasília. Tem experiência na área de Direito, com ênfase em Direito Penal e Processo Penal, Metodologia e Pesquisa Jurídica, Educação Jurídica e Direito e Tecnologia. Atualmente, ministra aulas de Direito Penal e Direito Processual Penal (IDP e UNIDESC) e ministra cursos em pós-graduação, é editor-assistente na Revista Brasileira de Direito Processual Penal e foi pesquisador bolsista associado do IPEA em pesquisa sobre política de drogas. E-mail: rafaeldedeusgarcia@gmail.com

esta como a "meta do individualismo"[2]. Para isso, precisou reposicionar o sentido de individualismo, o que fez diferenciando-o de egoísmo.

> O individualismo é um sentimento pacífico e moderado, que leva cada cidadão a se isolar da massa de seus semelhantes e a se recolher no círculo de seus familiares e amigos. Além disso, havendo criado essa pequena sociedade para seu bem-estar imediato, ele deixa de bom grado que a sociedade maior siga seu caminho[3].

Ao dissociar do egoísmo, Tocqueville impõe um valor positivo sobre a pretensão do estar só, de se voltar para si e não para o coletivo. Esses anseios por desenvolvimento pessoal podem ser devastados caso o espaço íntimo do indivíduo seja invadido por forças externas, tal como um ruído estridente que perturba a linha de pensamento. Em resposta a essa intrusão, surge o desejo de apropriação e igualdade, buscando evitar que qualquer entidade social exerça poder sobre os indivíduos que buscam o "estar só". É assim que emerge a concepção de um 'individualismo democrático[4].

Segundo Tocqueville, os homens buscam privacidade para desfrutar dos resultados de seu trabalho, e essa experiência de gozo privado molda seus desejos[5]. Qualquer impulso para sair do espaço de desfruto pessoal ou familiar só surgirá quando houver uma identificação racional dos interesses privados com os da cidadania, o que desencadearia a participação política e democrática daqueles que desenvolveram autonomia e liberdade em seu espaço privado, tornando-se o lugar da construção da virtude[6].

---

[2] SENNETT, R. **Autoridade**. 4. ed. Rio de janeiro: Record, 2016b, p. 159.

[3] Idem. No original, na obra Democracia na América: *Individualism is a mature and calm feeling, which disposes each member of the community to sever himself from the mass of his fellow-creatures; and to draw apart with his family and his friends; so that, after he has thus formed a little circle of his own, he willingly leaves society at large to itself.*

[4] SENNETT, R. **Autoridade**. 4. ed. Rio de janeiro: Record, 2016b, p. 160.

[5] VIEIRA, D. L. **A virtude na democracia de Tocqueville**. 2014. 135 f. Dissertação (Mestrado em Filosofia) – Faculdade de Filosofia, Universidade Federal de Goiás, Goiânia, 2014, p. 119.

[6] Idem, p. 42.

Ocorre que a América de Tocqueville enfrentava um desafio quase intransponível: a questão dos negros e índios, grupos marginalizados e excluídos da sociedade[7]. Tocqueville retratava o escravo negro como uma figura degradada e abjeta, que suscita aversão e repulsa. Ele é visto como um símbolo de uma humanidade castrada e atrofiada, emitindo uma aura envenenada e de horror[8]. De nada adianta tornar livre o negro, pois este nunca conseguirá se colocar diante do "europeu", senão na figura de um estrangeiro. Em Tocqueville, eventual conquista de igualdade formal não tornaria o negro igual no exercício de direitos, do trabalho, nos prazeres e até mesmo na morte[9]. "Em outras palavras, o alforriamento dos escravos não apaga nenhuma das manchas de ignomínia que os maculam em decorrência de sua raça – ignomínia que faz com que negro necessariamente rime com servidão"[10]

Em crítica, Mbembe, sobre a democracia liberal, diz que a igualdade formal pode coexistir com o preconceito arraigado, que leva o opressor a continuar desprezando aquele que outrora foi considerado seu inferior, mesmo após a libertação da escravidão. Na verdade, essa igualdade permanece apenas como uma mera ilusão, a menos que o preconceito seja erradicado. A lei pode proclamar a igualdade formal, mas sem a superação do preconceito, essa igualdade permanece apenas no âmbito das palavras, sem efetivamente se concretizar na prática[11].

No individualismo, há uma dificuldade evidente em se reconhecer forças estruturais, já que esta exige um nível de complexidade que transcende a relação indivíduo-indivíduo. Daí também parte da dificuldade de se reconhecer o racismo institucional[12] produzido pelas

---

[7] MBEMBE, A. **Crítica da Razão Negra**. São Paulo: n-1 edições, 2018. 320p. p. 148.

[8] Idem, p. 150.

[9] Idem, p. 152.

[10] Idem, p. 151.

[11] Idem, p. 152.

[12] "racismo institucional, também conhecido como racismo sistêmico, e que contempla ainda a perspectiva do racismo estrutural. Esta dimensão está associada a questões materiais e de acesso a poder. Sua complexidade está no fato de que geralmente não é possível identificar um indivíduo a operar esse tipo de racismo, que se encontra difuso nas dinâmicas institucionais e políticas, em processos históricos e na escassez de acesso à informação e outros recursos".

polícias e também o racismo estrutural pelo qual essas instituições estão comprometidas.

Não é por acaso que, quando se faz algum tipo de análise sobre os efeitos racistas de práticas institucionais, é comum se observarem respostas defensivas que apelam para o individual, sendo que os indivíduos que mais explicitamente praticam racismo não são vistos como exemplares da instituição, mas exceção.

Conforme a proposição de Ortegal, até mesmo o reconhecimento do racismo pode ser insuficiente se não for confrontado em relação ao seu efeito mais crucial, que é o genocídio negro. Essa categoria é a que revela a natureza ativa e intencional do racismo, não se limitando a ser apenas um resultado secundário da desigualdade social ou da luta de classes, mas transcende as reproduções individualmente identificáveis[13].

Na questão dos algoritmos aplicáveis à segurança pública, isso se torna mais agudo, pois discriminação algorítmica dificilmente virá de uma intencionalidade individual, mas de mecanismos sociais no nível da estrutura, agora somados com as novas tecnologias[14].

Nesse sentido, em palavras mais simples, se no âmbito da segurança pública é possível ainda tomar a dimensão do racismo e de como ele é operado pelo sistema de justiça criminal, no âmbito do processo penal, onde ocorre a criminalização no nível individualizado e formalizado, o racismo será mais difícil de ser observado e revelado para ser posto em debate. E mesmo quando isso acontece de algum modo, como em determinada ação policial baseada explicitamente nas características físicas de uma pessoa negra, os tribunais ainda terão dificuldade de colocar em operação os institutos de processo penal, como seu arcaico sistema de nulidades.

ORTEGAL, Leonardo. Relações raciais no Brasil: colonialidade, dependência e diáspora. **Serv. Soc.** (133) Sep-Dec 2018, doi.org/10.1590/0101-6628.151, p. 422.

[13] ORTEGAL, Leonardo. Relações raciais no Brasil: colonialidade, dependência e diáspora. **Serv. Soc.** (133) Sep-Dec 2018, doi.org/10.1590/0101-6628.151, p. 424.

[14] A esse respeito, conferir Simões Gomes *et al.*, que pontuam muito bem esse "giro interpretativo" nos estudos sobre viés algorítmico. SIMÕES-GOMES, L.; ROBERTO, E.; MENDONÇA, J. Viés algorítmico – um balanço. **Estud. sociol. Araraquara**, v. 25 n. 48 p.139-166, 2020, p. 157.

A igualdade política formal, que era propagada como um discurso universalista, revelou-se hipócrita no cotidiano e serviu de base para uma divisão na concepção de humanidade no âmbito do direito e de seus institutos. De um lado, havia os conquistadores, a quem eram atribuídos os valores da humanidade, e do outro, os conquistados, considerados selvagens em seu estado de natureza, justificando assim intervenções ditas civilizatórias[15].

No Brasil, "o dilema das raças", como explicitamente colocado por Tocqueville, não foi algo estranho. Também aqui, foi necessário conciliar valores liberais e individualistas, destinados a uma classe político-social, ao mesmo tempo em que à outra era concedido o autoritarismo de Estado[16]. Assim, a adesão a princípios do liberalismo em terra colonial obrigou a formação de regimes duais[17].

Como coloca Abath, as relações sociais no Brasil foram moldadas por uma combinação de violência brutal do sistema escravista de um lado e o favoritismo do outro, ambas ocorrendo sob o disfarce de legalidade e liberalismo presentes nas constituições[18]. Apesar das discussões processuais fundamentadas em um liberalismo jurídico de base democrática que se preocupa com as liberdades individuais, a omissão em abordar a criminalização das camadas populares no Brasil permite-nos concluir que continua a prevalecer essa separação entre uma teoria

---

[15] MBEMBE... p. 115.

[16] "Um traço comum aos nacionalistas autoritários foi o papel por eles atribuído à chamada questão racial. Nisso eles não estavam sozinhos, na medida em que o papel a ser atribuído a determinações raciais na formação da sociedade e do homem brasileiro foi objeto de uma preocupação constante de nossos pensadores, desde meados do século XIX. Essa preocupação, em si mesma, não poderia ser tida como "importada", pois, como é sabido, o Brasil era um país majoritariamente formado por negros e pardos, no qual o sistema escravista perdurou até 1888. Desse modo, a defesa da separação de raças seria, no mínimo, muito difícil de ser sustentada" FAUSTO, B. **O Pensamento Nacionalista Autoritário**. Rio de Janeiro: ZAHAR, 2001, p. 1920-1940, p.23.

[17] FANON, F. **Os Condenados da Terra**. Tradução: Serafim Ferreira. Transcrição: João Filipe Freitas. Lisboa: Editora Ulisseia, 1961. E-book. p.343.

[18] ABATH, M. **Soberania policial no Recife do início do século XX**. Tese (Doutorado em Direito) – Faculdade de Direito, Universidade de Brasília, Brasília, 2018, p. 94.

liberal e moderna e uma prática cotidiana violenta[19]. É a dualidade colonial, ensina por Fanon.

Essa "contradição" pode ser comparada àquela observada no contexto do Haiti revolucionário, que é agora compreendida menos como uma contradição efetiva e mais como a própria construção desse liberalismo em territórios coloniais, conforme indicado por Mbembe.

A adesão de valores liberais não poupou os teóricos do autoritarismo brasileiro, como Oliveira Vianna, de pensar um projeto nacional centralizado a partir de uma elite tecnocrática[20] para a continuidade do escravismo[21]. Uma parte fundamental da origem do processo penal brasileiro está enraizada em um "liberalismo conservador e reacionário"[22], mas que possuía a estranha habilidade de coexistir com o discurso positivista, embora de forte tom tecnocrático e até eugenista.

Não é a toa que conseguimos conciliar um processo civil com forte tom "conciliatório", centrado no interesse das partes e que valora negativamente a interferência judicial/estatal, com um processo penal publicista, de matriz autoritária, com incisivos poderes jurisdicionais sobre as partes, especialmente em face do réu, ainda que esse modelo tenha perdido espaço.

Aliás, é notável o avanço da compreensão do direito à privacidade no campo civil em relação ao do penal. Doneda[23] há muito apontou que o direito à privacidade não pode mais ser compreendido em torno da propriedade privada, mas sim relacionado à personalidade. Zanatta e Souza destacam que a ideia de um direito à privacidade de grupo ou coletiva tem raízes antigas, iniciando-se nos anos 1970, mas que ganhara

---

[19] Idem, p. 93.

[20] SILVA, R. Liberalismo e democracia na Sociologia Política de Oliveira Vianna. **Sociologias**, Porto Alegre, v. 10, n. 20, p. 238-269, 2008, p. 265.

[21] DUARTE, E. C. P. **Do medo da diferença à liberdade com igualdade**: As Ações Afirmativas para Negros no Ensino Superior e os Procedimentos de Identificação de seus Beneficiários. 2011. 949 f. Tese (Doutorado em Direito) – Faculdade de Direito, Universidade de Brasília, Brasília, 2011, p. 11.

[22] GLOECKNER, R. J. **Autoritarismo e processo penal**: uma genealogia das ideias autoritárias no processo penal brasileiro. 1. ed. Florianópolis: Tirant Lo Blanch, v. 1, 2018. E-book. p. 274.

[23] DONEDA, D. C. M. **Da privacidade à proteção de dados pessoais**: elementos da formação da Lei Geral de Proteção de Dados. 2. ed. São Paulo: Thomson Reuters Brasil, 2020. E-book. 368 p.

maior desenvolvimento nas últimas duas décadas[24]. A doutrina civilista já consolidada sobre direitos difusos tem facilitado a discussão judicial sobre o tratamento abusivo de dados[25].

Assim, enquanto a legislação civil e processual civil têm encontrado resultados visíveis no contexto de proteção de dados, a legislação processual penal demonstra uma adesão quase nula, ainda dando ares de que a área da segurança pública – referida aqui a ações que antecedem o processo de criminalização individual – não verá tão cedo um direito à privacidade, atualizado à vida mediada por dados, com alguma força normativa.

Considerando ainda a questão da proteção de dados pessoais, a concepção de privacidade vai muito além de simplesmente garantir o isolamento ou a tranquilidade do indivíduo. Ao contrário do que seria seu propósito inicial de proporcionar os meios necessários para a construção e fortalecimento de uma esfera privada individual, um direito mais atualizado de privacidade deveria centrar-se no paradigma de vida baseada em relações e solidariedade, na tutela da privacidade exercida sobre um valor positivo do social, impulsionando o potencial de comunicação e de *relacionamento* do indivíduo[26]. "O objetivo, portanto, não é o de favorecer a solidão, mas o de garantir a igualdade"[27].

Dentre os desafios trazidos pelas novas tecnologias no contexto do processo penal e do policiamento, a superação das implicações do individualismo emerge como um dos mais sensíveis. Trata-se, dentre outras questões, de reconhecer que as experiências da intimidade e das relações com o poder público acontecem efetivamente na esfera coletiva, incluindo o mundo digital. Para além da importância de se compreender

---

[24] ZANATTA, R. A. F.; SOUZA, M. R. O. A tutela coletiva na proteção de dados pessoais: tendências e desafios, In: DE LUCCA, N.; ROSA, C. **Direito & Internet IV**: Proteção de Dados Pessoais. São Paulo: Quartier Latin, 2019. ISBN: 9788574538389, p. 18.

[25] ZANATTA, R. A. F. Tutela coletiva e coletivização da proteção de dados pessoais. In: **Temas Atuais de Proteção de Dados Pessoais**. Revista dos Tribunais, p. 345-374, 2020, p. 09.

[26] DONEDA, D. C. M. **Da privacidade à proteção de dados pessoais:** elementos da formação da Lei Geral de Proteção de Dados. 2. ed. São Paulo: Thomson Reuters Brasil, 2020. E-book., p. 37.

[27] RODOTÀ, Stefano. A vida na sociedade da vigilância – a privacidade hoje: Renovar, 2008, p. 145.

a tutela coletiva de direitos no âmbito da privacidade, porém, urge a necessidade de se aderir ao processo penal novos valores, mas que traga consigo também instrumentalidade prática.

Para o processo penal, a chave reside na criação e aplicação de instrumentos legais que condicionem e racionalizem o exercício do poder punitivo, proporcionando uma proteção mais efetiva e enfim trazer força normativa ao direito à privacidade, para além da letra constitucional, a ser tida por morta se não for atualizada sua doutrina correspondente.

O processo-crime como resultado do processo de criminalização individualizada assentada sobre uma epistemologia de matriz individualista cria uma barreira praticamente intransponível para se conceber o processo penal e seus institutos enquanto meio de proteção efetiva do direito à privacidade, pois isso dependerá de uma superação da real, porém não única, relação indivíduo-Estado.

Em menos palavras, isso significa que a segurança pública, que inclui as atividades de policiamento a partir de dados em massa, tende a ser campo livre para a afronta à privacidade[28].

REFERÊNCIAS

ABATH, M. **Soberania policial no Recife do início do século XX**. Tese (Doutorado em Direito) – Faculdade de Direito, Universidade de Brasília, Brasília, 2018.

DONEDA, D. C. M. **Da privacidade à proteção de dados pessoais:** elementos da formação da Lei Geral de Proteção de Dados. 2. ed. São Paulo: Thomson Reuters Brasil, 2020. E-book.

DUARTE, E. C. P. **Do medo da diferença à liberdade com igualdade**: As Ações Afirmativas para Negros no Ensino Superior e os Procedimentos de Identificação de seus Beneficiários. 2011. 949 f. Tese (Doutorado em Direito) – Faculdade de Direito, Universidade de Brasília, Brasília, 2011.

---

[28] Este é um texto adaptado de um subcapítulo da minha tese de doutorado: GARCIA, Rafael de Deus. **Processo penal e algoritmos: o Direito à privacidade aplicável ao uso de algoritmos no policiamento**. 2022. 270 f., il. Tese (Doutorado em Direito) — Universidade de Brasília, Brasília, 2022. Disponível em: https://repositorio.unb.br/handle/10482/44902

FANON, F. **Os Condenados da Terra**. Tradução: Serafim Ferreira. Transcrição: João Filipe Freitas. Lisboa: Editora Ulisseia, 1961. E-book.

FAUSTO, B. **O Pensamento Nacionalista Autoritário**. Rio de Janeiro: ZAHAR, 2001, p. 1920-1940.

GARCIA, Rafael de Deus. **Processo penal e algoritmos: o Direito à privacidade aplicável ao uso de algoritmos no policiamento**. 2022. 270 f., il. Tese (Doutorado em Direito) — Universidade de Brasília, Brasília, 2022. Disponível em: https://repositorio.unb.br/handle/10482/44902.

GLOECKNER, R. J. **Autoritarismo e processo penal**: uma genealogia das ideias autoritárias no processo penal brasileiro. 1. ed. Florianópolis: Tirant Lo Blanch, v. 1, 2018. E-book.

MBEMBE, A. **Crítica da Razão Negra**. São Paulo: n-1 edições, 2018.

ORTEGAL, Leonardo. Relações raciais no Brasil: colonialidade, dependência e diáspora. **Serv. Soc.** (133) Sep-Dec 2018, doi.org/10.1590/0101-6628.151

RODOTÀ, Stefano. A vida na sociedade da vigilância – a privacidade hoje: Renovar, 2008.

SENNETT, R. **Autoridade**. 4. ed. Rio de janeiro: Record, 2016b.

SILVA, R. Liberalismo e democracia na Sociologia Política de Oliveira Vianna. **Sociologias**, Porto Alegre, v. 10, n. 20, p. 238-269, 2008.

SIMÕES-GOMES, L.; ROBERTO, E.; MENDONÇA, J. Viés algorítmico – um balanço. **Estud. sociol. Araraquara**, v. 25 n. 48 p.139-166, 2020.

VIEIRA, D. L. **A virtude na democracia de Tocqueville**. 2014. 135 f. Dissertação (Mestrado em Filosofia) – Faculdade de Filosofia, Universidade Federal de Goiás, Goiânia, 2014.

ZANATTA, R. A. F.; SOUZA, M. R. O. A tutela coletiva na proteção de dados pessoais: tendências e desafios, In: DE LUCCA, N.; ROSA, C.

Direito & Internet IV: Proteção de Dados Pessoais. São Paulo: Quartier Latin, 2019. ISBN: 9788574538389.

ZANATTA, R. A. F. Tutela coletiva e coletivização da proteção de dados pessoais. In: **Temas Atuais de Proteção de Dados Pessoais**. Revista dos Tribunais, p. 345-374, 2020.

CIÊNCIAS CRIMINAIS EM PÍLULAS

A VÍTIMA NO PROCESSO PENAL BRASILEIRO SOB O MODELO INQUISITIVO REFORMADO

7

Camila Maués dos Santos Flausino[1]

O Brasil lastima-se com um Código de Processo Penal (CPP) assombrado pelo fantasma fascista que se alastra em dispositivos enformados pelo modelo escrito-inquisitivo, acometido por soluços acusatórios provenientes de episódicas reformas legislativas. Nesse cenário, a vítima (individual ou coletiva) recebe (cada vez com menos incidência, como veremos) tratamento pouco honroso de meio de prova. Sua intervenção contributiva é empreendida em um ambiente controlado, num *locus* de submissão a fins probatórios superiores, capitaneados pelos protagonistas, isto é, as partes antagônicas (via de regra, o Ministério Público, de um lado, e o acusado, de outro). Nessa cena, a vítima é cooptada para a relação processual como coadjuvante de um *frame* menor do enredo, cuja voz é instrumentalizada, audível enquanto servir de fonte de prova.

Nesse abreviado estudo do mês, propõe-se a reflexão sobre o papel da vítima à luz do processo penal brasileiro, configurado pelo modelo inquisitivo reformado, e como o direito internacional de direitos humanos

[1] Possui graduação em Direito pela Universidade Estadual do Piauí (2009). Doutoranda em Direito pela Universidade Federal do Paraná. Mestre em Estudos Fronteiriços pela Universidade Federal de Mato Grosso do Sul (2018). Mestre em Direito e Desenvolvimento pela Universidade de São Paulo - Faculdade de Direito de Ribeirão Preto (2020). Especialista em Crime Organizado, Corrupção e Terrorismo pela Universidade de Salamanca (Espanha) (2022). Especialista em Ciências Criminais pela Universidade de São Paulo - Faculdade de Direito de Ribeirão Preto. Ex-Defensora Pública nos Estados do Piauí e do Amazonas. Defensora Pública do Estado de Mato Grosso do Sul.

aborda os direitos de quem sofre algum tipo de dano pela prática de uma infração penal ou de um abuso de direito.

A história do Direito Penal coincide com o progressivo apequenamento do prestígio da vítima diante do legítimo intento de responsabilização penal do autor do fato delitivo. Curioso é que a palavra "protagonismo" (e seus derivados) – aqui adotada metaforicamente como recurso explicativo – radica de duas terminologias gregas: *proto*, "primeiro", e *agonistes*, "lutador ou competidor" (Fiocruz). O protagonista, o primeiro a lutar, passou a ser o Ministério Público (MP) (em ações públicas e semipúblicas) com o monopólio estatal da justiça criminal e o abandono do modelo de vingança privada, à vista da linha histórico-evolutiva do Direito Penal e considerado o estágio atual regulado pelo CPP brasileiro. É o MP, e não mais a vítima como outrora, que ganha destaque na saga da responsabilização do infrator. Nessa trajetória, é essa instituição que se arvora na posição de protagonista, enquanto a vítima é relegada a segundo plano, assim como seus anseios, receios, expectativas, perspectivas, frustrações, sensações e sentimentos ambivalentes.

Esse modo de ver a vítima no processo penal brasileiro sofreu, com maior intensidade nos últimos quinze anos, flexibilizações com reformas tópicas no CPP e na legislação extravagante que, a um só tempo, pretenderam introduzir medidas capazes de sintonizar o processo penal ao sistema oral-acusatório predefinido na Constituição Federal de 1988 (CF/88), reconhecer o direito da vítima ao acesso à justiça e de ter sua dignidade e sua cidadania respeitadas.[2]

Como sabido, o modelo acusatório consagra a oralidade, a imparcialidade do juiz, a separação funcional das atividades de acusar, julgar e defender e a igualdade das partes. Cita-se, a título exemplificativo, o preceito contido no art. 382, *caput*, do CPP, alterado

---

[2] A Constituição Federal (CF/88) assegura, como garantia fundamental, a ação privada nos crimes de ação pública, se esta não for intentada no prazo legal (art. 5º, inciso LIX). Trata-se de exemplo de como o ordenamento jurídico brasileiro estabelece um paradigma de dignificação da vítima penal ao ceder-lhes oportunidades de autodeterminação de seus interesses e de direção da persecução criminal orientada à satisfação deles, não se limitando apenas à reparação civil. É a sua paz individual, dissociada do interesse público na promoção da justiça e adequada penalização do infrator, que a vítima busca.

pela Lei n. 11.690/2008, que dispõe que "O juiz formará sua convicção pela livre apreciação da prova produzida em contraditório judicial, não podendo fundamentar sua decisão exclusivamente nos elementos informativos colhidos na investigação, ressalvadas as provas cautelares, não repetíveis e antecipadas". Com razão, trata-se de uma inflexão pontual ao modelo inquisitorial, pois sabido que a investigação preliminar não repousa no contraditório e na ampla defesa, e, portanto, as inferências do julgador exclusivamente sobre os elementos informativos dela extraídos violariam manifestamente o princípio do devido processo legal despontado na CF/88 (art. 5º, inciso LIV). Não obstante o óbice à prática inquisitiva de fundamentar condenações apenas no que foi levantado na investigação preliminar, essa e outras alterações legislativas reformistas, ainda não são suficientes a desvanecer a inquisitoriedade que emana do modelo processual brasileiro.[3]

Como afirma Binder (2003), "toda reforma real afeta uma dinâmica de poder", e o enviesamento de cariz autoritário do CPP, fruto das incursões políticas getulistas, não estaria, da noite para o dia, superado com reformas insulares que não são ainda capazes de desestruturar a base inquisitorial do código, a se exigir a refundação do modelo corrente sob o qual se ampara (Choukr, 2019, p. 315). Por esse motivo, diz-se que o processo penal brasileiro adota um sistema inquisitório reformado (Melo; Sampaio, 2017). Nas palavras de Coutinho (2009), "o certo, não obstante, é que o CPP configura um *Sistema Misto* e, deste modo, mantém na base o *Sistema Inquisitorial* e a ele agrega elementos típicos da estrutura do Sistema Acusatório".

No estado da arte atual, encontra-se a vítima de práticas criminosas, meio com o pé fora (segundo a estrutura desmobilizante do sistema inquisitivo), meio com o pé dentro (como relevante irrupção de um aspecto do modelo acusatório) da dinâmica processual. Sua atração à arena de disputa de interesses (contrapostos) entre Estado e ofensor

---

[3] Como sugestão de leitura: COUTINHO, Jacinto Nelson de Miranda. Para passar do sistema inquisitório ao sistema acusatório: *jouissance*. In: **Observações sobre os sistemas processuais penais. Escritos do Prof. Jacinto Nelson de Miranda Coutinho.** Volume 1. Organizadores: Leonardo Costa de Paula e Marco Aurélio Nunes da Silveira. Volume 1. Curitiba: Observatório da Mentalidade Inquisitória, 2018, p. 79-89.

permite maior angularização da relação processual dialeticamente posta, a contribuir para a democratização e a humanização do processo penal. A vítima deixa de ser mero meio de obtenção de prova, instrumental à acusação, e passa a portar-se e a ser tratada como sujeito de direitos e, a reboque, titular de uma farta gama de faculdades processuais, dentre elas, a possibilidade, uma vez habilitada como assistente de acusação, "propor meios de prova, requerer perguntas às testemunhas, aditar o libelo e os articulados, participar do debate oral e arrazoar os recursos interpostos pelo Ministério Público, ou por ele próprio, nos casos dos arts. 584, § 1º, e 598", assim disposto no art. 271, do CPP.

Nota-se que, apesar da plataforma inquisitorial sobre o qual se assenta o CPP, a legislação interna e a jurisprudência, apresentam-se sensíveis às exigências atuais de reconhecimento dos direitos humanos das vítimas estabelecidos em sede convencional e vêm alargando seu espaço de intervenção, em meio a fissuras reformistas de acusatoriedade, ao reconhecer-lhes direitos e garantias fundamentais que convivem, em equilíbrio, com os interesses opostos afetos ao processo penal democrático.

Com efeito, citam-se, a título meramente exemplificativo, as súmulas 208, 210, 448, 594 e 714, do Supremo Tribunal Federal (STF) e as súmulas 24, 593 e 600, estas do Superior Tribunal de Justiça (STJ), o artigo 27, da Lei n. 11.340/2006 (Lei Maria da Penha)[4] e, mais recentemente, o artigo 20-D, da Lei n. 7.716/89 (Lei de Crimes Raciais)[5], dispositivos legais estes aplicáveis no âmbito processual penal.

Com efeito, inovações legislativas também foram introduzidas no CPP ao longo dos anos, a enfatizar a participação democrática da vítima no deslinde do conflito que diretamente a afeta, a realocá-la como principal gestora de seus interesses e a assegurar a tendência, influenciada pela acusatoriedade, de possibilitar a tutela efetiva desse indivíduo através da ampliação subjetiva da relação processual. Com isso, à vítima é admitida uma maior participação na investigação e na

---

[4] *Em todos os atos processuais, cíveis e criminais, a mulher em situação de violência doméstica e familiar deverá estar acompanhada de advogado, ressalvado o previsto no art. 19 desta Lei* (Brasil, 2006).

[5] *Em todos os atos processuais, cíveis e criminais, a vítima dos crimes de racismo deverá estar acompanhada de advogado ou defensor público* (Brasil, 1989).

produção de provas, e seus interesses não se cingem apenas à obtenção de um título executivo para a reparação cível de danos (nessa perspectiva, na berlinda está a Súmula 208, do Supremo Tribunal Federal[6]), mas também à validação de seu sofrimento e da repercussão dos efeitos do crime na órbita de seu patrimônio psicológico e moral. Dispositivos como o art. 28-D, §9°,[7] o art. 70, §4°,[8] e o art. 400-A,[9] todos do CPP, tendem a se replicar e a estruturar, autonomamente, um regime jurídico especial de proteção a vítimas.

Ademais, a valorização do papel da vítima é um dos pilares do sistema internacional de proteção dos direitos humanos, pois visa à otimização democrática através da realocação das prioridades da persecução penal, que transcende um retribucionismo esgotado e concentra-se na efetiva solução do conflito penal. A reparação integral dos danos sofridos, a revelação da verdade, o controle da atividade do órgão acusador estatal e a satisfação do anseio de expiar a injustiça através da punição legítima são os vetores que reposicionam a vítima ao *status* de interventora da atividade jurisdicional no sistema acusatório em condições de igualdade.

---

[6] *O assistente do Ministério Público não pode recorrer, extraordinariamente, de decisão concessiva de habeas corpus.* Em destacada ocasião, no Recurso Extraordinário 387.974/DF, de 4/10/2003, o Supremo Tribunal Federal, através de sua Segunda Turma, afastou a aplicação dessa súmula e deu provimento à impugnação recursal interposta pelo assistente de acusação em que se pretendia a retomada da ação penal outrora "trancada" pela via do *habeas corpus*.

[7] *A vítima será intimada da homologação do acordo de não persecução penal e de seu descumprimento.*

[8] *Nos crimes previstos no 171 do Decreto-Lei n° 2.848, de 7 de dezembro de 1940 (Código Penal), quando praticados mediante depósito, mediante emissão de cheques sem suficiente provisão de fundos em poder do sacado ou com o pagamento frustrado ou mediante transferência de valores, a competência será definida pelo local do domicílio da vítima, e, em caso de pluralidade de vítimas, a competência firmar-se-á pela prevenção.*

[9] *Na audiência de instrução e julgamento, e, em especial, nas que apurem crimes contra a dignidade sexual, todas as partes e demais sujeitos processuais presentes no ato deverão zelar pela integridade física e psicológica da vítima, sob pena de responsabilização civil, penal e administrativa, cabendo ao juiz garantir o cumprimento do disposto neste artigo, vedadas: I – a manifestação sobre circunstâncias ou elementos alheios aos fatos objeto de apuração nos autos; II – a utilização de linguagem, de informações ou de material que ofendam a dignidade da vítima ou de testemunhas.*

Com efeito, a Declaração dos Princípios Básicos de Justiça Relativos às Vítimas da Criminalidade e de Abuso de Poder, adotada pela Assembleia Geral das Nações Unidas na sua Resolução 40/34, de 29 de novembro de 1985 (Brasil, 2009, p. 274), descreve as vítimas como:

> as pessoas que, individual ou colectivamente, tenham sofrido um prejuízo, nomeadamente um atentado à sua integridade física ou mental, um sofrimento de ordem moral, uma perda material, ou um grave atentado aos seus direitos fundamentais, como consequência de actos ou de omissões violadores das leis penais em vigor num Estado membro, incluindo as que proíbem o abuso de poder.

Essa delimitação terminológica é muito importante para a adoção de um conceito amplo de vítima, idôneo à sua proteção jurídica eficiente e à garantia que lhe cabe de não sofrer discriminação, tratamento injusto, coações e intimidações de quem quer que seja. Nessa linha, o Conselho Nacional do Ministério Público, o Ministério Público Federal e a Escola Superior do Ministério Público da União lançaram uma campanha de valorização das vítimas, servindo de canal de acolhimento humanizado e de orientação emancipatória. Trata-se do Movimento Nacional em Defesa das Vítimas[10] que reúne atuações coordenadas de diversos Ministérios Públicos sob a mesma intencionalidade: garantir os direitos das vítimas e conferir-lhe voz.

Nesse contexto maior, passa-se à rápida análise do *Habeas Corpus* (HC) n. 730.100/SP, de relatoria do Ministro Joel Ilan Paciornik, julgado pela Quinta Turma do Superior Tribunal de Justiça (STJ), em fevereiro deste ano (STJ, 2023). Na oportunidade, a Corte entendeu que, a despeito do art. 65, §1º, parte final, do Código de Processo Penal Militar (CPPM)[11] restringir o acesso do assistente de acusação na instância recursal, em literal antinomia ao disposto no art. 271, do CPP, não há

---

[10] Para mais informações e orientações sobre o Movimento Nacional em Defesa das Vítimas, acesse: https://www.cnmp.mp.br/defesadasvitimas/.

[11] *Não poderá arrolar testemunhas, exceto requerer o depoimento das que forem referidas, nem requerer a expedição de precatória ou rogatória, ou diligência que retarde o curso do processo, salvo, a critério do juiz e com audiência do Ministério Público, em se tratando de apuração de fato do qual dependa o esclarecimento do crime.* Não poderá, igualmente, impetrar recursos, salvo de despacho que indeferir o pedido de assistência (Brasil, 1969).

logicidade jurídica e razões axiológicas para refutar, conforme interpretação sistemática do conjunto orgânico composto pelas normas questionadas, a legitimidade desse importante sujeito processual para interpor apelação defronte de uma sentença absolutória não previamente impugnada pelo Ministério Público.

A decisão em análise (que é igualmente servível para estudos particulares sobre sistema recursal, métodos de interpretação jurídica, legislação penal especial, dentre outros temas instigantes) orienta-se pela evolução do pensamento vitimológico, "fundado na crescente dignidade e dignificação da vítima no processo penal, em virtude de uma maior participação, proteção jurídica e do seu reconhecimento enquanto sujeito de direitos humanos que cabe à justiça penal tutelar" (Pereira, 2019, p. 57).

No caso concreto, o acusado, na origem denunciado pelos crimes de estupro e de atentado violento ao pudor, previstos, respectivamente, nos artigos 232 e 233, do Código Penal Militar (CPM), impetrou o citado HC, ao se insurgir contra a decisão do Tribunal de Justiça Militar de São Paulo que deu provimento ao recurso de carta testemunhável (tal como foi recebida a correição parcial interposta originariamente pela vítima, através da Defensoria Pública Estadual) da vítima apontada, previamente habilitada nos autos como assistente de acusação. Até chegar a discussão ao STJ, a vítima, por sua vez, apelou, inicialmente, da sentença que absolveu o impetrante de um dos delitos (art. 526, alínea a, do CPPM)[12]. Na sequência, essa apelação não foi conhecida pelo juízo *a quo* (*cf.* 65, §1º, parte final, do CPPM) e, diante dessa decisão desfavorável, a vítima interpôs recurso em sentido estrito (art. 516, alínea q, do CPPM)[13]. Novamente, o recurso não foi conhecido pelo juízo *a quo*, justificando-se o manejo da citada carta testemunhável (art. 644, do CPP[14], c/c art. 3º, alínea a, do CPPM).

---

[12] *Cabe apelação: a) da sentença definitiva de condenação ou de absolvição [...].*
[13] *Caberá recurso em sentido estrito da decisão ou sentença que [...]: q) não receber a apelação ou recurso.*
[14] *O tribunal, câmara ou turma a que competir o julgamento da carta, se desta tomar conhecimento, mandará processar o recurso, ou, se estiver suficientemente instruída, decidirá logo, de meritis.*

Em apertada síntese, o impetrante arguiu no STJ que: a) a assistente de acusação, naquele caso em específico, não teria legitimidade recursal no processo penal militar, nos termos da parte final do art. 65, §1º, parte final, do CPPM, à vista do princípio da especialidade; b) igualmente, não teria legitimidade recursal (que é de natureza supletiva sob o ângulo do assistente de acusação, nos termos do art. 598, do CPP[15]) para apelar, vez que o Ministério Público não se quedou inerte diante do pedido de desclassificação de um dos crimes para o delito de ato libidinoso em lugar sujeito à administração militar, previsto no art. 235, do CPM.

Tais argumentos de defesa não foram acolhidos pela Quinta Turma que destacou, de início, que a insurgência da assistente de acusação não estava orientada para a desclassificação de um dos delitos, como arguido pelo impetrante, mas sim para a absolvição em relação à outra infração penal pelo qual este foi denunciado. Em seguida, o citado órgão jurisdicional, ratificando entendimento anterior consubstanciados em precedentes que destaca, reconheceu a legitimidade recursal supletiva da assistente de acusação face a pedidos desclassificatórios do MP, bem como conferiu interpretação sistemática do art. 271, do CPP, ao demover a literalidade limitante do art. 64, §1º, parte final, do CPPM, uma vez que *"Não há motivo razoável para distinguir o assistente de acusação que atua no processo penal comum daquele que atua na justiça castrense"* (STJ, 2023).

O reconhecimento, pela via jurisprudencial, desta similitude ontológica entre o assistente de acusação no processo penal comum e o assistente de acusação no processo penal militar, consiste em um reforço de grande valia para a proteção devida às vítimas de infrações penais, para a redução da sobrevitimização (vitimização secundária) e para abrir caminhos para a consolidação de um estatuto jurídico-normativo voltado à tutela de vítimas especialmente vulneráveis[16].

---

[15] *Nos crimes de competência do Tribunal do Júri, ou do juiz singular, se da sentença não for interposta apelação pelo Ministério Público no prazo legal, o ofendido ou qualquer das pessoas enumeradas no art. 31, ainda que não se tenha habilitado como assistente, poderá interpor apelação, que não terá, porém, efeito suspensivo.*

[16] *Está em tramitação na Câmara dos Deputados o Projeto de Lei (PL) n. 3.890/2020, que objetiva instituir o Estatuto da Vítima.*

De toda sorte, os direitos humanos das vítimas estão na ordem do dia como instrumentos eficazes no objetivo social de fortalecimento da cidadania desses indivíduos, com o fim de promoção da democratização plena do processo penal brasileiro e, consequentemente, do desenvolvimento nacional à vista dos Objetivos 5 (Igualdade de gênero), 10 (Redução das desigualdades) e 16 (Paz, justiça e instituições Eficazes) da Agenda 2030, adotada pela Organização das Nações Unidades (ONU, 2015). A ampliação da atuação institucionalizada da vítima conflui para a remodelagem do sistema processual penal brasileiro sob a exigência de uma mentalidade acusatória que concretize os propósitos da CF/88 e exorcize de uma vez por todas a assombração inquisitória.

REFERÊNCIAS

BINDER, Alberto. La fuerza de la inquisición y da debilidad de la República. **Política Criminal Bonaerense**, n. 1, 2003. Disponível em: https://biblioteca.cejamericas.org/bitstream/handle/2015/2431/fuerza-inquisicion.pdf. Acesso em 24 mai 2023.

BRASIL. **Decreto-Lei nº 1.002, de 21 de outubro de 1969.** Brasília. Disponível em: https://www.planalto.gov.br/ccivil_03/decreto-lei/del1002.htm. Acesso em: 10 ago. 2023.

BRASIL. **Lei nº 11.340, de 7 de agosto de 2006.** Brasília. Disponível em: http://www.planalto.gov.br/ccivil_03/_ato2004-2006/2006/lei/l11340.htm. Acesso em: 10 ago. 2023.

BRASIL. **Lei nº 7.716, de 5 de janeiro de 1989.** Brasília. Disponível em: https://www.planalto.gov.br/ccivil_03/leis/L7716compilado.htm. Acesso em: 10 ago. 2023.

BRASIL. **Decreto-Lei nº 3.689, de 3 de outubro de 1941.** Brasília. Disponível em: https://www.planalto.gov.br/ccivil_03/decreto-lei/del3689.htm. Acesso em: 10 ago. 2023.

BRASIL. Ministério da Justiça. **Normas e princípios das Nações Unidas sobre Prevenção ao Crime e Justiça Criminal**. Org. Secretaria Nacional de Justiça. Brasília: Secretaria Nacional de Justiça, 2009. Disponível em: https://www.unodc.org/documents/justice-and-prison-reform/projects/UN_Standards_and_Norms_CPCJ_-_Portuguese1.pdf. Acesso em: 8 ago 2023.

CHOUKR, Fauzi Hassan. Permanências inquisitivas e refundação do processo penal: a gestão administrativa da persecução penal. In: **Mentalidade inquisitória e Processo penal brasileiro**. Org. Jacinto Nelson de Miranda Coutinho, Leonardo Costa de Paula e Marco Aurélio Nunes da Silveira. Volume 2. Curitiba: Observatório da Mentalidade Inquisitória, 2019, p. 303-313.

CONSELHO NACIONAL DO MINISTÉRIO PÚBLICO. **Movimento Nacional em Defesa das Vítimas**. Disponível em: https://www.cnmp.mp.br/defesadasvitimas/. Acesso em: 15 jun. 2013.

COUTINHO, Jacinto Nelson de Miranda. Sistema acusatório: cada parte no lugar constitucionalmente demarcado. **Revista de Informação Legislativa**, Brasília, v. 46, n. 183, p. 103-115, jul-set. 2009. Bimestral. Disponível em: https://www2.senado.leg.br/bdsf/bitstream/handle/id/194935/00087 1254.pdf?sequence=3&isAllowed=y. Acesso em: 24 maio 2023.

FUNDAÇÃO OSWALDO CRUZ (FIOCRUZ). **Entendendo o comportamento organizacional**: Curso 1. Aula 6. Homepage. Disponível em: https://mooc.campusvirtual.fiocruz.br/rea/desafios-da-lideranca/curso1/aula6.html#:~:text=PROTAGONISMO%20(S.F.)&text=Deriva%20do%20grego%20protagonistes%2C%20onde,ao%20perso nagem%20principal%20da%20encena%C3%A7%C3%A3o. Acesso em: 5 ago. 2023.

ORGANIZAÇÕES DAS NAÇÕES UNIDAS (ONU). **Agenda 2030 para o Desenvolvimento Sustentável**. 2015. Nações Unidas Brasil. Disponível em: https://brasil.un.org/pt-br/91863-agenda-2030-para-o-desenvolvimento-sustent%C3%A1vel. Acesso em: 3 ago. 2023.

PEREIRA, Filipa. **O papel da vítima no processo penal português. Reflexões críticas em torno do estatuto da vítima especialmente vulnerável e da sua proteção jurídico-penal**. Lisboa: Universidade Católica Editora, 2019.

SAMPAIO, André Rocha; MELO, Marcos Eugênio Vieira. Cultura Inquisitória e as Falsas Oralidades. **Revista Brasileira de Direito**

Processual Penal, Porto Alegre, v. 3, n. 3, p. 879-905, set-dez, 2017. Trimestral. Disponível em: https://revista.ibraspp.com.br/RBDPP/article/view/95/91. Acesso em: 30 maio 2023.

SUPERIOR TRIBUNAL DE JUSTIÇA (STJ). **Habeas Corpus nº 730.100/SP.** Relator Ministro Joel Ilan Paciornik, Quinta Turma, julgado em 28/2/2023, DJe de 3/3/2023. Disponível em: https://processo.stj.jus.br/processo/julgamento/eletronico/document o/mediado/?documento_tipo=91&documento_sequencial=170217240& registro_numero=202200775114&peticao_numero=&publicacao_data= 20230303&formato=PDF. Acesso em: 1 jun. 2023.

SUPREMO TRIBUNAL FEDERAL (STF). **Recurso Extraordinário nº 387.974/DF.** Relatora Ministra Ellen Gracie, Segunda Turma, julgado em 14/10/2003, DJe de 26/3/2004. Disponível em: https://redir.stf.jus.br/paginadorpub/paginador.jsp?docTP=AC&docID= 261675. Acesso em: 8 ago. 2023.

BIODIREITO EM FOCO

O EUGENISMO, O HOLOCAUSTO E O CÓDIGO DE NUREMBERG COMO ANTECEDENTES DO SURGIMENTO DA BIOÉTICA E DO BIODIREITO

8

Bruno Marini[1]

Por volta do período de 1843-1865 o monge inglês Gregor Mendel começou a fazer estudos que explicavam a transferência de genes de plantas e animais para seus descendentes. Com suas famosas ervilhas, Mendel averiguou que características genéticas consideradas indesejáveis poderiam ser transmitidas a partir da hibridação dos diferentes tipos de ervilhas. Por exemplo, neste período as ervilhas rugosas eram vistas como geneticamente ruins, enquanto as ervilhas lisas eram consideradas geneticamente superiores. O cruzamento dos genes poderia, em tese, prejudicar a descendência das ervilhas lisas, uma vez que as mesmas com o tempo dariam origem a ervilhas rugosas.

---

[1] Professor efetivo de Direito da UFMS (Universidade Federal de Mato Grosso do Sul) em Campo Grande (MS), no qual leciona Direitos Humanos, Bioética e Biodireito. Doutorando em Saúde e Desenvolvimento na Região do Centro-Oeste (UFMS), Mestre em Desenvolvimento Local (com foco em Saúde Pública e Direitos Humanos) pela Universidade Católica Dom Bosco (UCDB), Especialista em Direito Constitucional pela Universidade para o Desenvolvimento do Estado e da Região do Pantanal (UNIDERP), Graduado em Direito pela Universidade Católica Dom Bosco (UCDB).Colunista do Periódico "Revista de Direito Magis", na área do Biodireito (Biodireito em Foco).Vice-coordenador do Comitê de Ética em Pesquisa com Seres Humanos do Hospital Universitário da Universidade Federal de Mato Grosso do Sul. Obras publicadas: Liberdade de escolha de tratamentos médicos no contexto dos Direitos Humanos: a escolha de tratamentos médicos isentos de sangue por pacientes Testemunhas de Jeová (2022).Dos Tratamentos Médicos Isentos de Sangue Para Pacientes Testemunha de Jeová (2015).Obras Organizadas: Temas de Direito Digital (2022).Temas de Biodireito e Bioética (2022).

Em 1859 entrou em cena a obra "A Origem das Espécies" de Charles Darwin. Com esta se desenvolveu a teoria da "seleção natural" e a concepção da sobrevivência do "mais apto" como essencial para uma suposta evolução e perpetuação das espécies. O biólogo inglês Francis Galton, o qual era primo de Darwin, começou a politizar a teoria evolucionista.

Galton começou a supervalorizar a hereditariedade humana. Para ele as aptidões de cada indivíduo estavam muito mais ligadas à sua carga genética do que qualquer outra circunstância (seja educacional, familiar ou cultural). Assim, o mesmo começou a raciocinar que seria possível controlar e acelerar a seleção natural estimulando que indivíduos geneticamente superiores se reproduzissem em maior número. Em 1883, o mesmo lançou uma obra (*"Inquiries into human faculty and its development"*) chamando esse programa de eugenia, *"eu"* + *"genia"* – que no grego significa "boa geração ou bom nascimento".[2]

Essas ideias de Galton se tornaram populares na classe científica (notadamente biológica e médica) da época. Inclusive na Inglaterra de Galton havia uma preocupação com uma possível degeneração biológica da população, uma vez que a taxa de natalidade era maior nas classes mais pobres do que na elite.[3] Essa preocupação se espalhou por toda Europa. O programa proposto por Galton de proliferação de seres geneticamente (e supostamente) superiores, por meio de casamentos entre os mais aptos, ficou conhecida como "eugenia positiva".

As concepções eugênicas de Galton chegaram aos EUA. No século XIX os EUA começaram a receber muitos imigrantes. Isto fez com que defensores das ideias eugênicas associassem uma aludida degeneração da saúde, higiene e intelectualidade da população com a presença dos imigrantes. Logo, Charles Davenport (pioneiro do movimento eugenista nos EUA) começou a teorizar aquilo que ficou conhecido como "eugenia

---

[2] TORRES, Lilian de Lucca. Reflexões sobre raça e eugenia no Brasil a partir do documentário 'Homo sapiens 1900' de Peter Cohen'. **Ponto Urbe**, n.2, 2008. Disponível em: http://pontourbe.revues.org/1914. Acesso em: 19 ago. 2023.

[3] GUERRA, Andréa. Do Holocausto Nazista à nova eugenia do século XXI. **Ciência e Cultura**, v.98, n.1, 2006. Disponível em: http://cienciaecultura.bvs.br/scielo.php?pid=s0009-67252006000100002&script=sci_arttext. Acesso em: 19 ago. 2023.

negativa" – o impedimento da reprodução de seres considerados geneticamente inferiores ou indesejáveis.

Em 1909, Davenport criou a *"Eugenics Record Office"* que teria a enorme tarefa de registrar a carga genética dos norte-americanos. Em 1912 foi realizado o "I Congresso Internacional de Eugenia" promovido por cientistas europeus e americanos, do qual posteriormente surgiu a "Federação Internacional de Organizações Eugenistas".[4] Deste modo, foi formada uma agenda internacional para a erradicação dos que fossem considerados geneticamente inferiores.

Não demorou muito e o mundo começou a sentir os efeitos práticos destas concepções supostamente "científicas". Nos EUA surgiram leis de "esterilização compulsória". A primeira foi no Estado de Indiana em 1907 sendo seguida por legislação semelhante em 25 outros Estados, sendo que milhares de pessoas foram submetidas contra sua vontade a esterilização. O principal alvo da campanha eram deficientes físicos e mentais, negros, indígenas e imigrantes. No mesmo sentido, foram publicadas leis antimiscigenação proibindo casamentos inter-raciais em cerca de 30 Estados por todo os EUA. Leis semelhantes a estas também se fizeram presentes no Canadá e em diversos países da Europa.[5]

As ideias racistas eugênicas chegaram à Alemanha e influenciaram a forma de pensar da comunidade cientifica alemã, notadamente a classe médica. Estas teorias vieram ao encontro do fervor nacionalista do partido nazista. Digno de nota que no final do século XIX e início do século XX ocorreu uma explosão, por toda a Europa, de movimentos ultranacionalistas que valorizavam o aspecto racial, no que ficou conhecido como a era do "nacionalismo racial". Isso pode ser observado no "Programa do Partido Nazista" de 24 de fevereiro de 1920, constituído de 25 pontos. Seguem alguns pontos do referido programa:

---

[4] GUERRA, Andréa. Do Holocausto Nazista à nova eugenia do século XXI. **Ciência e Cultura,** v.98, n.1, 2006. Disponível em: http://cienciaecultura.bvs.br/scielo.php?pid=s0009-67252006000100002&script=sci_arttext. Acesso em: 19 ago. 2023.

[5] BEIGELMAN, Bernardo. Genética, Ética e Estado. **Revista Brasileira de Genética,** v.20, n.3, 1997. Disponível em: http://www.scielo.br/scielo.php?script=sci_arttext&pid=S0100-84551997000300027. Acesso em: 19 ago. 2023.

1) Exigimos a reunião de todos os alemães numa grande Alemanha, fundamentados no direito dos povos a dispor de si mesmos [...] 3) Exigimos terras para alimentar o nosso povo e nelas instalar a nossa população excedente. 4) somente os membros do povo podem ser cidadãos do Estado. Só pode ser membro do povo aquele que possui sangue alemão, sem consideração de credo. Nenhum judeu, portanto pode ser membro do povo. 5) Quem não é cidadão só pode viver na Alemanha como hóspede e deve se submeter à legislação relativa a estrangeiros [...] 8) Toda imigração suplementar de não-alemães deve ser impedida. Exigimos que todos os não-alemães entrados na Alemanha desde 2 de agosto de 1914 sejam obrigados a deixar o Reich imediatamente [...] 13) Exigimos a nacionalização de todas as empresas estabelecidas como sociedades.[6]

Os nazistas viam a guerra contra os judeus (e outros povos considerados inferiores) como uma questão de sobrevivência racial. A retórica eugenista da sobrevivência dos mais aptos para a preservação e evolução da espécie humana é uma constante em seus discursos. Neste sentido, os nazistas se veem como que escolhidos pela lei natural para defender a Alemanha e a Europa da dominação e da contaminação da raça judaica. Em outras palavras, o nazismo buscou a implementação do "darwinismo social". Isto fica evidente em várias de suas propagandas e discursos, os quais associavam os judeus (bem como outros povos, como os ciganos e os eslavos) a insetos, vermes e ratos que traziam perigo a pureza racial e genética do povo ariano, bem como por extensão a própria sobrevivência do continente europeu.

Neste aspecto, torna-se revelador o discurso de Joseph Goebbels no auge da II Guerra Mundial, em 27 de julho de 1941:

Se o judeu perder essa batalha, estará definitivamente perdido [...] Tempo virá em que toda a Europa e todo o mundo civilizado hão de reconhecer o sentido e a razão deste combate titânico; precisamente nesse momento, os povos do nosso continente perceberão o perigo que nos ameaçava [...] nunca os povos puderam estar tão tranquilos quanto ao seu futuro como agora que o veem novamente confinado as armas alemãs. À frente da Europa, lutamos, ao lado de nossos

---

[6] BURON, Thierry; GAUCHON, Pascal. **Os Fascismos**. Rio de Janeiro: Ed. Zahar, 1980, p.87-91.

aliados, por mais do que a nossa existência nacional. O que está em jogo é a existência ou a destruição do nosso continente. E sentimo-nos orgulhosos de que, neste combate, os alemães, mais uma vez, estejam na primeira fileira.[7]

O mais irônico é que enquanto os nazistas alegavam assegurar a defesa da existência do continente europeu na II Guerra Mundial, nos seus campos de extermínio e concentração vários povos estavam sendo eliminados. Embora mantivessem sua política de extermínio em segredo, acreditavam que futuramente, com a vitória na guerra, vários povos iriam entender o "motivo" da eliminação física do povo judeu e de outros durante a guerra.

Somado ao afirmado acima, o terror vigia nos campos nazistas, com os mais variados "experimentos médicos", nos quais os prisioneiros eram tratados como meras cobaias, sendo negada sua condição humana. Entre estes "experimentos" ocorreram horrores como o congelamento (para analisar o processo de resistência ao frio e reaquecimento do corpo humano), no qual a vítima era submetida a uma espécie de banheira com água congelante, sendo introduzida uma sonda no reto para medir a temperatura corporal.

Outros foram infectados com o vírus da malária, bactérias para transmitir tétano e tifo, queimados com gás mostarda e bombas incendiárias, submetidos a inanição, desidratação e esterilização compulsória. Também foram realizados testes de "pressão" e perda de oxigênio para simular altitudes de até 20.000 metros.[8]

Em decorrência de tais atrocidades, houve o "Julgamento de Nuremberg dos Médicos", no qual 23 pessoas (sendo 20 propriamente médicos) foram levados a julgamento. No entanto, um dos maiores sanguinários não esteve presente no referido julgamento. O médico Josef Mengele conseguiu fugir da Alemanha após a II Guerra Mundial para a Argentina, morrendo em Bertioga, SP, Brasil. O mesmo ficou famoso por seus experimentos no campo de Auschwitz, envolvendo muitas vezes gêmeos, variando deste a aplicação de substâncias químicas em olhos de

---

[7] BURON, Thierry; GAUCHON, Pascal. **Os Fascismos.** Rio de Janeiro: Ed. Zahar, 1980., p.111.

[8] **MUSEU DO HOLOCAUSTO DOS EUA.** Disponível em: https://www.ushmm.org/ptbr. Acesso em: 19 ago. 2023.

prisioneiros, bem como amputação de membros e vivissecção de prisioneiros.[9]

Essas monstruosidades provocaram uma forte reação da comunidade científica após a II Guerra Mundial, a qual verificou a necessidade de traçar princípios éticos bem contundentes. Estes princípios levaram os cientistas a uma nova consciência ética, a qual com o passar do tempo deu origem a Bioética e ao Biodireito.

Após o Holocausto, o Código de Nuremberg (1947) trouxe à tona diversos princípios éticos científicos que prepararam o terreno para o retorno da Bioética. O horror dos "experimentos médicos" nazistas fez com que a comunidade científica internacional tivesse de dar uma enérgica resposta. Cada vez mais, ficava evidente que "tecnologia de ponta" estava sendo utilizada para matanças e destruição. Inclusive, as bombas atômicas lançadas pelo exército americano sobre as cidades japonesas de Hiroshima e Nagasaki também deixaram a comunidade internacional assustada.

O Código de Nuremberg na realidade se trata de uma Declaração de dez princípios, os quais seguem abaixo:

> 1. O consentimento voluntário do ser humano é absolutamente essencial. Isso significa que as pessoas que serão submetidas ao experimento devem ser legalmente capazes de dar consentimento; essas pessoas devem exercer o livre direito de escolha sem qualquer intervenção de elementos de força, fraude, mentira, coação, astúcia ou outra forma de restrição posterior; devem ter conhecimento suficiente do assunto em estudo para tomarem uma decisão lúcida. Esse último aspecto exige que sejam explicados às pessoas a natureza, a duração e o propósito do experimento; os métodos segundo os quais o experimento será conduzido; as inconveniências e os riscos esperados; os efeitos sobre a saúde ou sobre a pessoa do participante, que eventualmente possam ocorrer, devido à sua participação no experimento. O dever e a responsabilidade de garantir a qualidade do consentimento repousam sobre o pesquisador que inicia ou dirige um experimento ou se compromete nele. São deveres e responsabilidades pessoais que não podem ser delegados a outrem impunemente. 2.O experimento deve ser tal que produza resultados vantajosos

---

[9] **MUSEU DO HOLOCAUSTO DOS EUA.** Disponível em: https://www.ushmm.org/ptbr. Acesso em: 19 ago. 2023.

para a sociedade, que não possam ser buscados por outros métodos de estudo, mas não podem ser casuísticos ou desnecessários na sua natureza. 3. O experimento deve ser baseado em resultados de experimentação em animais e no conhecimento da evolução da doença ou outros problemas em estudo; dessa maneira, os resultados já conhecidos justificam a realização do experimento. 4. O experimento deve ser conduzido de maneira a evitar todo sofrimento físico ou mental desnecessários e danos. 5. Não deve ser conduzido qualquer experimento quando existirem razões para acreditar que pode ocorrer morte ou invalidez permanente; exceto, talvez, quando o próprio médico pesquisador se submeter ao experimento. 6. O grau de risco aceitável deve ser limitado pela importância humanitária do problema que o experimento se propõe a resolver. 7. Devem ser tomados cuidados especiais para proteger o participante do experimento de qualquer possibilidade de dano, invalidez ou morte, mesmo que remota. 8. O experimento deve ser conduzido apenas por pessoas cientificamente qualificadas. O mais alto grau de habilidade e cuidado deve ser requerido de aqueles que conduzem o experimento, através de todos os estágios deste. 9. O participante do experimento deve ter a liberdade de se retirar no decorrer do experimento, se ele chegou a um estado físico ou mental no qual a continuação da pesquisa lhe parecer impossível. 10. O pesquisador deve estar preparado para suspender os procedimentos experimentais em qualquer estágio, se ele tiver motivos razoáveis para acreditar, no exercício da boa-fé, habilidade superior e cuidadoso julgamento, que a continuação do experimento provavelmente resulte em dano, invalidez ou morte para o participante.[10]

Tais princípios do Código de Nuremberg constituem a base do Consentimento Informado e da Autonomia (princípios basilares da Bioética e do Biodireito).

Nos anos de 1970-1971, o bioeticista americano Van Rensselaer Potter publicou respectivamente o artigo "Bioética: ciência da sobrevivência" e o livro "Bioética: uma ponte para o futuro", visualizando neste momento a Bioética como uma ponte entre as ciências biológicas e a ética. Posteriormente, Potter alargou o estudo da Bioética

---

[10] CÓDIGO DE NUREMBERG DE 1947, **ghc on line.** Disponível em: https://www.ghc.com.br/files/CODIGO%20DE%20NEURENBERG.pdf. Acesso em: 19 ago. 2023.

para outras áreas do conhecimento, buscando uma "Bioética Global".[11] Desde então, o termo "Bioética" se popularizou, tornando-se matéria presente em muitas grades dos cursos de áreas biológicas e da saúde.

No ano 2000, ocorreu um Congresso Mundial de Bioética na cidade de Gijón (Espanha), da qual saiu a "Declaração de Bioética de Gijón", elaborada por pesquisadores de vários países da Europa e um de Israel. Por fim, em 2005, diversos Estados-Membros da ONU adotaram a "Declaração Universal sobre Bioética e Direitos Humanos", solidificando os princípios da referida ciência.

Desta feita, é possível observar que a Bioética e o Biodireito são ciências que cada vez mais estão ganhando espaço na área acadêmica. No entanto, nem todos compreendem bem as referidas ciências. Alguns profissionais da área da saúde as veem com desconfiança, preocupados com a perda de "poder" sobre seus pacientes e suas pesquisas. Outros encaram seus princípios meramente como vetores de orientação, mas não os levam a sério na prática.

Todavia, cada vez mais, as instituições de ensino e de saúde levam seus princípios em consideração, principalmente, por meio da criação de seus Comitês de Ética, geralmente, ocupados por profissionais que têm conhecimento na área da Bioética e do Biodireito. Da mesma forma, muitos profissionais da área da saúde se sentem entusiasmados por poderem implementar o respeito a autonomia e consentimento informado de seus pacientes, resultando numa relação menos tensa e mais agradável com os mesmos.

Digno de nota que os Estados-Membros adeptos da referida declaração se comprometeram a colocar em prática por meio de suas legislações e instituições de saúde e pesquisa os referidos princípios. Assim sendo, os mesmos não são meras sugestões, mas tem efeito imperativo.

REFERÊNCIAS

[11] PESSINI, Leo. As origens da Bioética: do credo Bioético de Potter ao imperativo bioético de Fritz Jahr. **Revista de Bioética**, v.21, n.1, 2013. Disponível em: http://www.scielo.br/pdf/bioet/v21n1/a02v21n1. Acesso em: 19 ago. 2023.

BEIGELMAN, Bernardo. Genética, Ética e Estado. **Revista Brasileira de Genética,** v.20, n.3, 1997. Disponível em: http://www.scielo.br/scielo.php?script=sci_arttext&pid=S0100-84551997000300027. Acesso em: 19 ago. 2023.

BURON, Thierry; GAUCHON, Pascal. **Os Fascismos.** Rio de Janeiro: Ed. Zahar, 1980.

CÓDIGO DE NUREMBERG DE 1947, **ghc on line.** Disponível em: https://www.ghc.com.br/files/CODIGO%20DE%20NEURENBERG.pdf. Acesso em: 19 ago. 2023.

FERRO, Ana Luiza Almeida. **O Tribunal de Nuremberg:** Dos Precedentes à Confirmação de Seus Princípios. Belo Horizonte: Ed. Mandamentos, 2002.

GUERRA, Andréa. Do Holocausto Nazista à nova eugenia do século XXI. **Ciência e Cultura,** v.98, n.1, 2006. Disponível em: http://cienciaecultura.bvs.br/scielo.php?pid=s0009-67252006000100002&script=sci_arttext. Acesso em: 19 ago. 2023.
HUHLE, Rainer. De Nuremberg a la Haya: Los crímenes de derechos humanos ante la justicia – problemas, avances y perspectivas a los 60 años del Tribunal Militar Internacional de Nuremberg. **Revista Analises Políticas,** Bogotá, Colômbia, v.18, n.55, 2005. Disponível em: http://www.scielo.org.co/scielo.php?pid=S0121-47052005000300002&script=sci_arttext. Acesso em: 19 ago. 2023.

LUPPI, Sheila Cristina Alves de Lima. **A Eugenia e o processo de aperfeiçoamento do povo brasileiro 1900-1933**, publicado no XXV Simpósio Nacional de História, realizado em Fortaleza/CE. Disponível em: http://anpuh.org/anais/wp-content/uploads/mp/pdf/ANPUH.S25.0644.pdf. Acesso em: 19 ago. 2023.

MUSEU DO HOLOCAUSTO DOS EUA. Disponível em: https://www.ushmm.org/ptbr. Acesso em: 19 ago. 2023.

PESSINI, Leo. As origens da Bioética: do credo Bioético de Potter ao imperativo bioético de Fritz Jahr. **Revista de Bioética,** v.21, n.1, 2013. Disponível em: http://www.scielo.br/pdf/bioet/v21n1/a02v21n1. Acesso em: 19 ago. 2023.

TORRES, Lilian de Lucca. Reflexões sobre raça e eugenia no Brasil a partir do documentário 'Homo sapiens 1900' de Peter Cohen'. **Ponto Urbe,** n.2, 2008. Disponível em: http://pontourbe.revues.org/1914. Acesso em: 19 ago. 2023.

DIREITO INTERNACIONAL: SOB À PERSPECTIVA DOS DIREITOS HUMANOS E MIGRAÇÕES

DIREITOS DE NACIONALIDADE À LUZ DA CONSTITUIÇÃO DA REPÚBLICA FEDERATIVA DO BRASIL DE 1988

9

Joyce Ferreira de Melo Marini[1]

Inicialmente, é notório destacar que os direitos de nacionalidade se referem à uma das espécies de direitos fundamentais contemplados no **Art. 12, CRFB/88**. Ao adquirir o direito de nacionalidade, em realidade, se está manifestando o vínculo jurídico-político do nacional com o Estado.

De acordo com Vicente Paulo e Marcelo Alexandrino, "cada Estado é livre para dizer quais são os seus nacionais. Serão nacionais de um Estado, portanto, aqueles que o seu Direito definir como tais; os

---

[1] Advogada (OAB/MS 24.832-B), atua em Assessoria e Consultoria Jurídica de Direito Migratório. Colunista do Magis Portal Jurídico (MG), assina a Coluna, "Direito Internacional: Sob à Perspectiva dos Direitos Humanos e Migrações". Professora de Direito Constitucional, Direito Migratório, Direito Imobiliário, Direito Processual Civil e Espanhol Jurídico. Mestra em Estudos Fronteiriços pela Universidade Federal de Mato Grosso do Sul (UFMS/2018). Especialista em Direito Processual Civil pela Universidade de Fortaleza (UNIFOR/2009). Graduada em Direito pela Universidade de Fortaleza (UNIFOR/2007). Consultora Acadêmica. Palestrante. Autora das obras: I) "Liberdade de Escolha de Tratamentos Médicos no Contexto dos Direitos Humanos: A escolha de tratamentos médicos isentos de sangue por pacientes Testemunhas de Jeová" (São Paulo: Editora Dialética, 2022); II) "Clubes Sociais de Imigrantes em Região de Fronteira - Estudo de caso: Centro Boliviano-Brasileiro 30 de Marzo, em Corumbá/MS - Imigrante Indocumentado" (São Paulo: Editora Dialética, 2021); e III) "Alternativas Médicas às Transfusões de Sangue e suas Repercussões em Âmbito Civil e Criminal" (Fortaleza: Editora ABC-Fortaleza, 2007). E-mail: joyce.melo@gmail.com

demais serão estrangeiros: todos aqueles que não são tidos por nacionais em um determinado Estado são, perante ele, estrangeiros".[2]

Deveras, cada Estado soberano ao ordenar a elaboração de sua Carta Constitucional terá a possibilidade de eleger requisitos específicos quanto aos direitos de nacionalidade. Há dois critérios importantes neste sentido, a saber: "jus solis" e "jus sanguinis".

O **"jus solis"** se refere à hipótese de se reconhecer a nacionalidade pelo critério do solo, ou seja, pelo simples fato de ter nascido em determinado país se obtém tal direito. Ao passo que o **"jus sanguinis"** leva em consideração o vínculo sanguíneo da pessoa com seus ascendentes como fator determinante para lhe ser reconhecida a nacionalidade, independentemente, do local específico de nascimento. Em outras palavras, terá concedida a nacionalidade que seus ascendentes possuam. Ademais, combinados os critérios, *infra* mencionados, a atual Constituição Brasileira adotou duas classificações: brasileiro nato e brasileiro naturalizado.

Neste artigo será feita uma análise das 02 tipologias. Primeiramente, se abordará o **Art. 12, I, CRFB/88,**[3] que prevê a hipótese de brasileiro nato. Estão presentes três alíneas: "a", "b", "c". O que poderia levar a pensar que existem três critérios para alguém obter a nacionalidade nata. Todavia, a alínea "c" prevê duas circunstâncias distintas, portanto, resulta assim no total de quatro hipóteses de incidência conforme o texto constitucional brasileiro, sendo: "a", "b", "c¹" e "c²" (assim compreendidas, didaticamente, para aclarar o entendimento).

Primeira hipótese:

a) os nascidos **na República Federativa do Brasil**, ainda que de pais estrangeiros, desde que estes não estejam a serviço de seu país;

Significa a adoção do "jus solis", nascer no Brasil, como regra geral é considerado brasileiro nato. Nesta alínea "a", a única exceção do não reconhecimento seria de alguém que ainda que nascido, aqui, em solo nacional, mas se seus pais estivessem a serviço de seu país. Por exemplo,

---

[2] PAULO, Vicente; ALEXANDRINO, Marcelo. **Direito Constitucional Descomplicado.** 22ª. ed., rev. e atual. São Paulo: Método, 2023.

[3] BRASIL. Constituição (1988). **Constituição da República Federativa do Brasil.** Curitiba: Editora Juruá, 2022.

a embaixadora da Suíça, Chloé, vem ao Brasil, a serviço diplomático de seu país, e dá à luz durante sua estadia no Brasil. Por outro lado, se a mesma embaixadora, estivesse de férias e tivesse um bebê no Brasil, nesta circunstância alcançaria a ele a nacionalidade de brasileiro nato.

Segunda hipótese:

b) os nascidos **no estrangeiro**, de pai brasileiro ou mãe brasileira, desde que qualquer deles esteja a serviço da República Federativa do Brasil;

Na alínea "b" está presente o critério do "jus sanguinis". Prevê que mesmo que alguém nasça no estrangeiro, mas se tiver o pai ou mãe brasileiro, desde que qualquer um deles esteja a serviço do Brasil, mesmo assim o bebê terá direito ao reconhecimento de brasileiro nato, pois tem um vínculo sanguíneo com o ascendente que é brasileiro. Note o exemplo, Roberto, militar das Forças Armadas da Marinha do Brasil, está em missão na Itália. Durante esse período, sua família o acompanha. E, sua esposa dá à luz um bebê. Portanto, se dará o reconhecimento da nacionalidade nata à criança.

Segundo Flávio Martins "é importante frisar que basta que o pai ou a mãe seja brasileiro e que este esteja 'a serviço do Brasil'. Outrossim tanto faz se esse brasileiro é nato ou naturalizado, não fazendo a Constituição brasileira qualquer distinção".[4]

Terceira hipótese:

c¹) os nascidos **no estrangeiro** de pai brasileiro ou de mãe brasileira, desde que sejam registrados em repartição brasileira competente[...];

Novamente, adota-se o critério do "jus sanguinis". A hipótese de incidência é nascer no estrangeiro, ter pai brasileiro ou mãe brasileira e fazer um registro em repartição brasileira competente, que pode ser um Consulado brasileiro ou na falta deste uma Embaixada brasileira.

Quarta hipótese:

c²) [...]ou **venham a residir** na República Federativa do Brasil **e optem**, em qualquer tempo, **depois de** atingida a maioridade, pela nacionalidade brasileira; (Redação dada pela Emenda Constitucional nº 54, de 2007)

---

[4] MARTINS, Flávio. **Curso de Direito Constitucional**. 5ª. ed., rev. ampl. e atual. São Paulo: Saraiva, 2021.

Aqui, se refere à circunstância de alguém nascido no estrangeiro, filho de pai brasileiro ou de mãe brasileira. Todavia, que por diversos fatores, não se enquadra na previsão do Art. 12, I, "b" e nem na previsão do Art. 12, I, "c¹". Portanto, o Constituinte Reformador alterou pela segunda vez a alínea "c", criando a hipótese "c²". Exige-se, então, que a pessoa venha a residir no Brasil e opte, em qualquer tempo, depois de atingida a maioridade, pela nacionalidade brasileira. Ou seja, terá que ingressar com uma **Ação Judicial de Reconhecimento da Nacionalidade** na Justiça Federal, se trata de jurisdição voluntária, ou seja, sem disputa. Pretende-se apenas o reconhecimento do vínculo de nacional com o Brasil.

Verificou-se, até o momento, os quatros critérios específicos de aquisição da *nacionalidade nata* no Brasil (Art. 12, I, CRFB/88). A partir de agora, a ênfase será nas hipóteses de *naturalização brasileira* (Art. 12, II, CRFB/88).[5]

É relevante compreender que o processo de naturalização consiste no **ato voluntário** de adquirir uma nacionalidade distinta da original. No Estado Brasileiro, mediante atuação do Poder Executivo, o ente que tem a competência exclusiva para conceder a naturalização é o Ministério da Justiça, sediado em Brasília, DF, desde que preenchidos todos os critérios legais.

Ademais, é válido destacar que o Pedido de Naturalização deve ser feito em uma unidade da Polícia Federal e endereçado ao Ministério da Justiça tal como prevê a legislação (Decreto n. 9.199/2017), a saber:

> Art. 224. O interessado que desejar ingressar com pedido de naturalização ordinária, extraordinária, provisória ou de transformação da naturalização provisória em definitiva deverá apresentar requerimento em unidade da Polícia Federal, dirigido ao Ministério da Justiça e Segurança Pública.
> *Parágrafo único.* Na hipótese de naturalização especial, a petição poderá ser apresentada a autoridade consular

---

[5] BRASIL. Constituição (1988). **Constituição da República Federativa do Brasil**. Curitiba: Editora Juruá, 2022.

brasileira, que a remeterá ao Ministério da Justiça e Segurança Pública.[6]

Ainda, de acordo com Valerio Mazzuoli: "a naturalização depende de um ato de vontade do indivíduo, que a adquire livremente (sem imposição do Estado) no decorrer de sua vida. Em outras palavras, a naturalização é um processo por meio do qual um estrangeiro, mediante certas formalidades exigidas pelo Estado, solicita a esse que seja declarada sua aceitação como membro da comunidade interna estatal, cabendo a esse mesmo Estado, unilateral e discricionariamente, decidir sobre a viabilidade e conveniência do pedido".[7]

Segundo o **Art. 12, II, CRFB/88**, temos a seguinte previsão quanto aos naturalizados.[8]

Duas primeiras hipóteses:

a) os que, **na forma da lei**, adquiram a nacionalidade brasileira, exigidas aos originários de países de língua portuguesa apenas residência por um ano ininterrupto e idoneidade moral;

A previsibilidade da alínea "a" também é denominada de **naturalização ordinária**, porque é o meio mais frequente, comum, de solicitação do procedimento. É possível analisar este dispositivo sob a perspectiva de "a¹" e "a²", pois há duas hipóteses envolvidas.

A primeira hipótese "a¹" se refere à expressão, **na forma da lei**, ou seja, de acordo com a Nova Lei de Migração, Lei nº 13.445/2017. Esta lei entrou em vigor no dia 21 de novembro de 2017, substitui o antigo Estatuto de Estrangeiro, Lei nº 6.815/1980, que teve sua gênese durante a ditadura militar brasileira, marcadamente, caracterizada com a preocupação da segurança nacional e assim com uma série de entraves ao fluxo migratório. De acordo com a nova legislação o imigrante é percebido num prisma dos direitos humanos que certamente é um grande avanço.

---

[6] BRASIL. **Decreto n. 9.199, de 20 de novembro de 2017**. Regulamenta a Lei nº 13.445, de 24 de maio de 2017, que institui a Lei de Migração. Diário Oficial, Brasília, DF, 16 ago. 2023.

[7] MAZZUOLI, Valerio de Oliveira. **Curso de Direito Internacional Público**. 10 ed. São Paulo: RT, 2016.

[8] BRASIL. Constituição (1988). **Constituição da República Federativa do Brasil**. Curitiba: Editora Juruá, 2022.

Ainda tratando da alínea "a", parte final, seria então a hipótese "a²" que prevê a possibilidade de estrangeiros se naturalizarem brasileiros, desde que, comprovem ser: (1) <u>originários de países de língua portuguesa</u>, (2) <u>ter residência no Brasil por apenas um ano ininterrupto</u> e (3) <u>ter idoneidade moral</u>. Note que são critérios cumulativos.

Por fim, a hipótese:

b) **os estrangeiros de qualquer nacionalidade**, residentes na República Federativa do Brasil há mais de quinze anos ininterruptos e sem condenação penal, *desde que requeiram* a nacionalidade brasileira.

Trata-se da reconhecida **naturalização extraordinária**, ou seja, é o meio mais dificultoso, incomum, para se naturalizar brasileiro. Tendo em vista o critério objetivo dos mais de 15 anos de residência ininterrupta em solo nacional. Ademais, se deve comprovar a ausência de condenação penal.

Diante do exposto, se conclui que Carta Magna Brasileira de 05 de outubro de 1988 adotou, simultaneamente, os dois critérios: **"jus solis"** e **"jus sanguinis"**. Constatamos que, atualmente, a Constituição brasileira no seu Art. 12, I, "a", "b", "c¹", "c²" (divisão didática), estabelece *quatro critérios específicos* para o reconhecimento da condição de brasileiro nato. Assim, se acentua que os direitos de nacionalidade são direitos fundamentais, gozam de expressiva relevância em no ordenamento jurídico brasileiro.

Além disso, foi notório identificar que segundo o Art. 12, II, CRFB/88, há três hipóteses constitucionais para se ingressar com o *processo de naturalização brasileira*: "a" (a¹ + a²), naturalização ordinária e "b", naturalização extraordinária. Todas essas previsibilidades devem ser analisadas conjuntamente com a Nova Lei de Migração, Lei nº 13.445/2017.

Finalmente, é imperativo mencionar que, independentemente, da tipologia do Processo de Naturalização, é necessário que o estrangeiro, **antes**, de requerer a sua pretensão <u>deve estar, devidamente, documentado no Brasil</u>. Isso significa que deve ter o visto permanente. Não seria possível passar do status de visto temporário diretamente para brasileiro naturalizado. A contagem dos prazos de residência no Brasil somente tem validade se o estrangeiro está com o seu visto válido.

REFERÊNCIAS

BRASIL. Constituição (1988). **Constituição da República Federativa do Brasil**. Curitiba: Editora Juruá, 2022.

BRASIL. **Decreto n. 9.199, de 20 de novembro de 2017**. Regulamenta a Lei nº 13.445, de 24 de maio de 2017, que institui a Lei de Migração. Diário Oficial, Brasília, DF, 16 ago. 2023.

MARTINS, Flávio. **Curso de Direito Constitucional**. 5ª. ed., rev. ampl. e atual. São Paulo: Saraiva, 2021.

MAZZUOLI, Valerio de Oliveira. **Curso de Direito Internacional Público**. 10 ed. São Paulo: RT, 2016.

PAULO, Vicente; ALEXANDRINO, Marcelo. **Direito Constitucional Descomplicado.** 22ª. ed., rev. e atual. São Paulo: Método, 2023.

O PROCESSO CIVIL NOSSO DE CADA DIA

PONTUAÇÕES SOBRE AS FASES METODOLÓGICAS DO PROCESSO: BASES PARA O INÍCIO DO ESTUDO DO E SOBRE O DIREITO PROCESSUAL

10

Guilherme Christen Möller[1]

1   CONSIDERAÇÕES INICIAIS

Não é a primeira oportunidade que eu falo sobre o tema «fases metodológicas do processo». Gosto de abordar, sempre que possível, esse tema diante de uma constatação: na minha pouca experiência na docência, tenho o privilégio de ter alunos magníficos, dedicados e propensos à grandes voos no direito processual. O que não é raro

---

[1] *Dottorando di ricerca in Scienze Giuridiche sulla l'Università degli Studi di Firenze* (UniFi). Mestre e Doutorando em Direito Público pelo Programa de Pós-Graduação em Direito da Universidade do Vale do Rio dos Sinos (Unisinos). Bolsista do Programa de Excelência Acadêmica (ProEx) da Coordenação de Aperfeiçoamento de Pessoal de Nível Superior (CAPES). Bacharel em Direito pela Universidade Regional de Blumenau (FURB). Membro do Instituto Brasileiro de Direito Processual (IBDP), do Instituto Iberoamericano de Derecho Procesal (IIDP) e da Associação Brasileira de Direito Processual (ABDPro). Membro da Escola de Processo da Unisinos (EPU). Coordenador do Instituto von Bülow. Membro do Grupo de Pesquisa "Tradições, transformações e perspectivas avançadas" (TTPA), vinculado à PUC/SP, e do Grupo de Pesquisa "Teoria Crítica do Processo", vinculado à UNISINOS e do Grupo de Pesquisa "Processo, Constituição, Conformidade e Integridade", vinculado à UFSC. Membro da Comissão de Acesso à Justiça e Membro Consultivo da Comissão de Direito Processual Civil da Seccional da Ordem dos Advogados do Brasil do estado de Santa Catarina. Autor, organizador e coordenador de obras e artigos científicos relacionados ao Direito Processual Civil. Advogado, Consultor Jurídico e Professor de Direito Processual Civil em cursos de Pós-Graduação em Direito Processual Civil (*lato sensu*). E-mail: contato@guilhermechristenmoller.com.br.

observar, entretanto, é uma certa desorientação quando os estudos e reflexões realmente iniciam: devo começar a estudar processo a partir de qual tema? Posso relacioná-lo com algum outro «ramo» do Direito? Diante de uma vastidão de cursos e manuais de Processo Civil, preciso estudar toda essa bibliografia? Devo privilegiar o autor «X» sob o autor «Y»? Etecétera.

Essas (e tantas outras) inquietações são, a meu ver, responsáveis por criar entraves (desnecessários) aos que estão buscando um ponto base para começar o seu estudo no e sobre o Processo Civil. Em verdade, cada jornada de aprendizado é singular; seria, no mínimo, desonesto querer estabelecer uma trilha ordinária de aprendizado, especialmente em algo tão vasto, particular, sensível e, ao mesmo tempo, complexo, como é (aos meus olhos) o direito processual.

O assunto deste capítulo e matéria é bifásico, isso porque, em primeiro momento, pensamos sobre a (des)necessidade de deixar a leitura de outros temas para momento posterior à compreensão dessa temática e, em segundo, porque depois que compreendemos a importância e a relevância destes que, novamente, a meu ver, são os assuntos de base para compreender todo o (fantástico e rico) universo teórico e pragmático – sem cindi-los – do processo (na acepção maior do termo). Com este pequeno recorte, espero fixar que a ideia de que assumimos uma tarefa de estudo nada ortodoxa; melhor, que compreender a contextualização daquilo que se estuda é tão importante quanto a sua própria matéria.

2   HISTÓRIA, CULTURA E PROCESSO: PROLEGÔMENOS PARA A COMPREENSÃO DO QUE SÃO AS «FASES CULTURAIS OU METODOLÓGICAS DO PROCESSO»

Se o assunto proposto foi apontado como base para compreender o direito processual, poderia dizer que a base dessa base está em uma observação sociológica da própria ideia de processo, desvelada na relação entre «História, Cultura e Processo». Esse assunto não apenas auxilia no rompimento das inquietações, mas torna cristalino o motivo de as haver, em mesmo sentido que explica os «porquês» de o processo possuir fases culturais (ou metodológicas), a importância da compreensão de cada um desses momentos (tanto para a teoria, quanto para a prática) e da emergência de pluralidade de «escolas processuais» por todo o Brasil.

Parafraseando as ideias do saudoso jurista baiano Prof. J.J. Calmon de Passos, em seu livro «Direito, poder, Justiça e processo: julgando os que nos julgam», publicado pela Editora Forense, em 1999, devemos entender que o direito (e já vamos estabelecer a relação com o processo) não está situado na natureza, melhor dizendo, não é um produto natural; o direito é constituído pelo ser humano para o ser humano. Vale, portanto, concluir (e aqui utilizando, como base, a hermenêutica-fenomenológica): sendo, o direito, algo criado, desenvolvido, pelo ser humano, inexoravelmente, a ideia do que se tem por ele será dotada de significados específicos, particulares, provenientes de tempo e local delimitados.

A história e, também, a geografia (para contextualizar essa afirmação hodiernamente) nos clarificam esse ponto. Se buscarmos estabelecer uma linha cronológica da humanidade, veremos que a sociedade, em cada pequeno grupo que a compõem, apresentou manifestações diversas da sua ideia do que seria direito. Esse mesmo grupo, entretanto, supondo que foi mantido durante décadas ou séculos, foi ressignificando aquilo que entendia outrora por direito. Inicialmente, por exemplo, e um exemplo bem impactante para sinalizar isso que digo a vocês, a mulher era considerada como um objeto do homem; hoje, pensando no caso do direito brasileiro, essa ideia chega a ser ridícula, entretanto, em certo momento da história, se entendia dessa forma (fatidicamente).

O ponto é: sendo, o direito, um produto social, inegavelmente, valores (crenças, símbolos etc.) serão associados a ele; isso, portanto, permite concluir que o direito (sem adentrar em suas nuances) não deixa de ser uma manifestação cultural. A cultura de uma comunidade reflete as particularidades do seu direito. Por isso, não é incorreto afirmar que teorizações possuem local e tempo, devendo ao jurista observar as particularidades convergentes e divergentes do seu tempo para com essas teorizações.

Anteriormente, sinalizei a geografia como outro elemento de compreensão do que se entende por direito em um determinado contexto. A título de exemplo, vamos utilizar o contraste existente entre a ideia de direito no Brasil e a ideia de direito de diversos países no Oriente Médio, especialmente quando pensamos em sanções penais; a ideia e a função da pena, no Brasil (reclusão, detenção etc.) é totalmente diversa dessa que se tem nesses países do Oriente Médio (apedrejamento, chicotadas etc.).

Poderíamos ficar horas aqui realizando essa análise comparatista – no caso da geografia – ou histórica – no caso da história, perdoem-me pela redundância –, a qual reforçaria, e cada vez mais, o que foi exposto anteriormente: o direito é um produto sociocultural; ou seja, reflete os aspectos culturais da sua comunidade (e isso sem adentrar em aspectos éticos ou morais, sobre o que foi ou é errado etc.).

A ideia de processo, agora, não foge dessa discussão que até então estávamos trabalhando.

Recordo que, certo dia, preparando a minha dissertação de mestrado, enquanto folhava o Código de Processo Civil comentado pelo, também saudoso, jurista Prof. Pontes de Miranda, logo no prólogo dos seus comentários, estava – está, melhor dizendo – sinalizado que de todos os ramos do direito, seria, o processual, aquele mais próximo da nossa realidade. Essa afirmação me tocou numa proporção que para elucidar aos que me acompanham até aqui, perdi algumas noites de sono pensando sobre como a nossa realidade influi no processo (e como algo tão complexo é, em um olhar sensível, frágil).

O primeiro ponto que devemos tornar cristalino, aqui, é que não devemos generalizar a ideia do que é processo (assim como ocorre com o direito); o processo pode (e deve) ser observado em feições diferenciadas. Não preciso ser mágico para adivinhar que a maioria de vocês, no primeiro rumor da palavra «processo», o associou ao processo judicial, ou seja, a nossa conhecida forma de prestar a tutela jurisdicional, mediante cadeia cronológica de etapas que se desenvolve em contraditório – aqui, um (ou os dois) pé(s) na teorização de Elio Fazzalari. Essa associação não está equivocada. Aqui, pela minha fala, quiçá induzi à essa percepção. Entretanto, chamo atenção para o fato de que a acepção da palavra processo possui contornos maiores.

Na etimologia, e sem divagar nesse ponto, a palavra «processo» origina, do latim, da palavra *procedere*, significado uma espécie de método, sistema, maneira de agir ou cadeia de medidas a ser observadas para lograr em um objetivo. Então, sim, podemos acordar que a palavra «processo» pode ser associada ao «processo judicial» (enquanto mecanismo de prestação da tutela jurisdicional), entretanto, e sem considerar todas as possíveis aplicações para as perspectivas não-jurídicas, não podemos descartar que ela também pode representar a ideia de ramo ou sub-ramo, como preferirem, do direito – e cá é o ponto da minha fala.

Na ótica social, e evitando tautologias, vimos que o direito é algo comum à determinado grupo (e isso vem desde as primeiras formações de organizações sociais), em mesmo sentido que o processo, e aqui em sua acepção jurídica maior (como «direito processual»), também está umbilicalmente ligado à essa ideia. Desde a formação das primeiras organizações sociais, os indivíduos sempre encontraram maneiras pelas quais seria possível dirimir eventuais controvérsias em seu subsistema. Ou seja, podemos associar os elementos «história» e «geografia», também, à essa ideia de processo que estamos discorrendo.

O direito processual que há conformado na atualidade não é igual (e seria utópico pensar o inverso) daquele que existia em comunidades antigas, ou, até mesmo, hodiernamente, a nossa delimitação da ideia de direito processual é diferenciada em relação à de outras comunidades internacionais – e, a título de exemplo, para essa afirmação, aos interessados, recomendo a leitura da obra, «Direito, cultura e ritual: sistemas de resolução de conflitos no contexto da cultura comparada», do Prof. Oscar G. Chase, publicada no Brasil pela Editora Marcial Pons, em 2014, com tradução, para o português, pelos Profs. Sérgio Cruz Arenhart e Gustavo Osna.

Portanto, e fechando esse primeiro ponto, podemos concluir que a significação de direito e de processo está umbilicalmente associada à cultura (e seus elementos) daquela organização que os concebem. O pensamento do Prof. Pontes de Miranda que citei anteriormente volta neste momento, após todas as reflexões prévias, para ser concluído com uma ideia pinçada do «Curso de prática do processo», do Prof. Candido de Oliveira Filho, publicado em 1938, pela sua própria editora: a relação do direito e do processo é íntima, conquanto, o direito é a substância o processo é a forma. Por meio do processo, o direito passa, e pode passar, do estático para o dinâmico, da ideia para a realidade. Eis, portanto, a proximidade do processo à realidade social.

3 FASES (OU ETAPAS) METODOLÓGICAS DO PROCESSO: PRAXISMO, PROCESSUALISMO E INSTRUMENTALISMO

3.1 O Praxismo

Utilizando os pontos anteriormente construídos, veremos que a discussão é multifacetada na história e em teorias (o que ficará ainda mais claro no próximo subtópico). Vamos trabalhar, inicialmente, sobre as três fases metodológicas do processo: o praxismo, o processualismo e o instrumentalismo – seguindo essa ordem.

O que entendemos por direito processual na atualidade, possui como seu ponto de partida o praxismo, também conhecido como sincretismo (termos mais aceitos pela doutrina, embora não se possa descartar que existem autores que se referem à essa etapa como «imanentismo», «fase do direito judiciário civil» ou «procedimentalismo»). A grande característica da fase metodológica compreendida como praxismo é que nela não se fazia diferença/distinção entre o direito material e o direito processual. De forma objetiva, o direito processual seria um mero subproduto do direito material, ou seja, um anexo ou um adendo.

O processo, portanto, seria um adjetivo do direito (substancial) material – deste ponto, uma curiosidade: se, eventualmente, encontrarem a referência ao direito processual como direito adjetivo, esse equívoco semântico (que reduz, inexoravelmente, a epistemologia do processo), provêm dessa associação. Não se trata de uma fase complexa para compreender o que seria o processo, afinal, ele nem poderia ser assim denominado; para não dizer que ele não existia, se tinha processo quando se tinha direito material.

Sobre os acordos e desacordos doutrinários dessa etapa metodológica; quiçá, vamos iniciar estabelecendo o acordo teórico, qual seja, essa fase teve fim (ou superação); dos desacordos: (1) o período de início dessa etapa metodológica; (2) o período final dela.

Por exemplo, o Prof. Guilherme Botelho, na obra «Direito ao processo qualificado: o processo civil na perspectiva do Estado constitucional», publicada em 2010, pela Livraria do Advogado, sustenta que os períodos existentes no direito romano e na história brasileira, durante a égide da cora portuguesa estão enquadrados nessa fase. Para o Prof. William Couto Gonçalves, na obra «Uma introdução à filosofia do direito processual: estudos sobre a jurisdição e o processo fundamentando uma compreensão histórica, ontológica e teleológica», publicada em 2005, pela Lumen Juris, a fase praxista englobaria também os primórdios da civilização, porque sempre que existisse a ação de alguém contra outro, seria concretizado o direito material violado por ação adjetiva. A título de complemento (e para sinalizar que existe essa discussão), existe, por parte dos Profs. Carlos Alberto Alvaro de Oliveira, Eduardo Lamy e Horácio Wanderley Rodrigues uma proposta teórica de subdivisão dessa fase metodológica em (1) praxismo e (2) procedimentalismo (sendo, essa segundo, ainda mais sincrética do que a primeira).

O declínio dessa etapa metodológica se deu pela fraqueza teórica de autonomização do estudo do processo em relação ao direito material. Cá a outra divergência teórica entre os autores: qual seria o período final do praxismo? A resposta à essa pergunta permite adentrar no próximo assunto: a fase metodológica do processualismo (também denominada, em algumas ocasiões, como «cientificismo», «fase conceitualista» ou «autonomista»).

3.2 O processualismo

Alguns autores (diversos, na verdade) apontam que a derrocada do praxismo se deu entre os séculos XVIII e XIX, outros, e acompanhando a posição teórica dos Profs. Antonio Carlo de Araújo Cintra, Ada Pellegrini Grinover e Cândido Rangel Dinamarco, na sua clássica «Teoria Geral do Processo», aprontam que o praxismo resistiu até a metade do século XX. O mais aceito entre os historiadores e filósofos do processo é que o processualismo foi uma etapa metodológica sequencial, evolutiva, superativa e responsável por romper os paradigmas culturais-processuais até então existentes, como berço a Alemanha (a partir de, entre outras previamente travadas, discussões como a de Windscheid [pronúncia: *vinchan*] e Muther [pronúncia: *mutah*]), especialmente com a publicação da obra «Teoria das Exceções e dos Pressupostos Processuais», em 1868, pelo jurista Oskar von Bülow [pronúncia: *bilou*].

Em grosseira síntese, em sua tese, Bülow desenha uma linha teórica que gerou, ao mesmo tempo, a autonomia de estudo do direito processual e, para alguns, a inauguração do denominado «processualismo científico» – o nosso ponto de estudo –, concebendo o processo como uma relação jurídica que progressivamente se desenvolve.

Do cenário em que o direito processual era um mero anexo do direito material, se eleva ao patamar de autonomia do seu estudo, a partir do delineamento da relação jurídico processual, relação publicística lastreada primordialmente na figura do juiz, eis que as partes se apresentam como meros colaboradores – e aqui, um adendo: esse é o ponto que muitos estudiosos criticam na doutrina do jurista alemão, apontando a proposta do jurista italiano Elio Fazzalari [pronúncia: *fátzalari*] como a tese que derrubou essa organização da atividade do juiz no processo.

No Brasil, para terem uma ideia de lineamento dessa etapa, a Profa. Ada Pellegrini Grinover, em sua obra «Direito Processual Civil», publicada em 1974, pela Malheiros, aponta que no Código de Processo Civil de 1939 há clara visão dessa revolução científica processual desenhada no que se compreende por processualismo.

A proposta dessa fase ou etapa foi a de buscar independência do direito processual em relação ao direito material, fortalecendo os conceitos e instituições do direito processual, permitindo-lhe adquirir autonomia científica em relação ao material. O curioso dessa etapa metodológica é que a sua ruína se deu exclusivamente diante de cadência na criação de balizas para estabelecer essa autonomia científica que se pretendia para o direito processual.

A ideia do processo como técnica, e prestem atenção ao ponto (porquanto existir uma vulgata de que ela teria sido produzida na fase metodológica subsequente), está justamente nesse período da evolução do direito processual. Não se tinha uma preocupação das benesses do processo ao jurisdicionado ou à sociedade; o direito processual era visto como um ramo autônomo composto por um conjunto de conceitos, algo altamente técnico, inclusive, desencadeando uma estagnação na sua compreensão em certo ponto da história.

3.3 O instrumentalismo

Embora em alguns sistemas jurídicos internacionais as fases metodológicas sinalizadas no bloco anterior não tenham sido superadas – seja por conveniência ou por entender que não há necessidade de ruptura do paradigma estabelecido pelo sistema –, no Brasil, o processualismo teve um ponto cristalino de superação: a chegada de Liebman e as contribuições teóricas da escola paulista de processo.

Vimos, anteriormente, que em um primeiro momento, o processo era enxergado como um mero anexo do direito material; posteriormente, foi cindido e transformado em um ramo jurídico científico autônomo (que teve o seu declínio justamente por essa tentativa exacerbada de elevar o grau de autonomia), entretanto, a segunda etapa metodológica do processo permitiu delimitar conceitos e criar instituições processuais.

O problema é que até a virada do que seria o instrumentalismo, não se preocupou, o processualista, nos seus aspectos sociais (e isso é até mesmo redundante se analisarmos o processo enquanto manifestação cultural; evidentemente que sua consolidação é carregada por anseios e desejos sociais – ou, melhor dizendo para que não me interpretem equivocadamente: quer-se algo do processo; ele não existe porque simplesmente deve existir; deve-se haver uma finalidade, para a sociedade, do processo). Essas (e outras) indignações começaram a aflorar na seara no estudo do processo e foram catalizadoras para a formação da terceira fase metodológica do processo: o instrumentalismo.

No Brasil, o instrumentalismo processual é sistematizado pela escola paulista de processo. Embora não seja o criador dessa filosofia processual, um dos principais nomes quando se fala em instrumentalismo processual é o Prof. Cândido Rangel Dinamarco, quem desenvolveu a brilhante obra «A instrumentalidade do processo», recentemente atualizada e publicada em parceria entre as editoras JusPodivm e Malheiros.

Na sua obra, o Prof. Dinamarco sinaliza com maestria o que deveria ser interpretado como paradigma dessa etapa metodológica. Diz ele que «a perspectiva instrumentalista do processo assume o processo civil como um sistema que tem escopos sociais, políticos e jurídicos a alcançar, rompendo com a ideia de que o processo deve ser encarado apenas pelo seu ângulo interno. Em termos sociais o processo serve para persecução da paz social e para a educação do povo; no campo político, o processo afirma-se como um espaço para a afirmação da autoridade do Estado, da liberdade dos cidadãos e para a participação dos atores sociais; no âmbito jurídico, finalmente, ao processo confia-se a missão de concretizar a vontade concreta do direito».

Ou seja, a partir da etapa metodológica instrumentalista, o processo deixa de se preocupar somente com seus pressupostos internos e ganha contornos sociais, políticos e jurídicos. Essa etapa metodológica do processo é fundamental; para dimensionar: no âmbito legislativo do processo, o instrumentalismo é claramente um propulsionador para o desenvolvimento e criação do Código de Processo Civil de 1973.

Alguns apontamentos sobre o assunto: (1) até hoje, o instrumentalismo processual é a etapa metodológica com maior difusão no Brasil – parte, acredito (a partir de investigações bibliográficas), seja pela criação da Teoria Geral do Processo, como disciplina autônoma, pela escola paulista de processo, difundida, paulatinamente, em diversas regiões do Brasil, inclusive, sob a orientação de fundamentação para ministrar a disciplina, os conceitos e propostas estabelecidos na obra «Teoria Geral do Processo», dos Profs. Antonio Carlo de Araújo Cintra, Ada Pellegrini Grinover e Cândido Rangel Dinamarco; (2) alguns aspectos advindos de teorizações que usam como base as ideias do instrumentalismo processual são fortemente criticadas. O Prof. J.J. Calmon de Passos, a título de exemplo, é (e até onde encontrei em suas bibliografias, sempre foi), embora em linha pouco mais antiga, crítico à proposta do instrumentalismo; (3) para uma parcela da doutrina brasileira, especialmente pelos teóricos pertencentes à escola paulista de processo, não há o que se falar em fases metodológicas subsequentes, visto que o paradigma da instrumentalidade do processo está muito longe de exaurir o seu papel reformista.

O instrumentalismo, entretanto, e é curioso notar isso, acaba caindo no mesmo defeito da sua fase precedente, precisamente, ao pensar na aplicação do processo, como uma mera técnica, dos escopos desenhados pelos idealizadores dessa fase cultural do processo. Quem nos diz melhor sobre essa afirmação é o Prof. Guilherme Rizzo Amaral, na obra «Cumprimento e execução de sentença sob a ótica do formalismo-valorativo», publicada em 2008, pela Livraria do Advogado, para quem o processo continuaria preso à técnica quando o juiz se torna refém do escopo social (e poderíamos ampliar isso ao escopo político também).

Nesse sentido, a crítica reflete que o instrumentalismo acaba por esvaziar o próprio escopo do processo, isso na medida em que alarga o campo para o social e o político, enfraquecendo a própria acepção do que seria processo e do que seria jurisdição, abrindo campo para um amplo poder discricionário a cada juiz (e isso na medida em que se percebe que se permitirá, ao julgador, aplicar o seu entendimento sobre o fato social, desencadeando em inevitável insegurança ao jurisdicionado e ao Estado Constitucional).

4   DESACORDOS SOBRE A FASE METODOLÓGICA (OU CULTURAL) HODIERNA (E AS SUAS ESCOLAS PROCESSUAIS)

Falando sobre as fases metodológicas do processo, vejo que o problema está no presente – e aqui, começaremos a entrelaçar o assunto com as principais escolas processuais do país –, precisamente em apontar o caminho que estamos trilhando hodiernamente no processo.

Para os adeptos do instrumentalismo processual, como apontado anteriormente, não há o que se falar em fases culturais do processo subsequentes; o paradigma do direito processual continua estabelecido nas premissas do instrumentalismo, embora, com reformulações e atenção ao movimento de constitucionalização do direito – isso se clarifica, por exemplo, quando analisamos a obra «Nova era do Processo Civil», do Prof. Cândido Rangel Dinamarco, publicada em 2007, pela Malheiros, em que o processualista aborda temas um pouco mais pontuais no que tocam a relação do processo e a Constituição Federal.

Entretanto, existem outras três proposições teóricas que sustam a superação do instrumentalismo, sendo elas (1) o formalismo-valorativo; (2) o neoinstitucionalismo; e o (3) neoprocessualismo – acredito que, dos que já estudaram o tema deste ensaio, essa última seja a mais conhecida.

O formalismo-valorativo seria uma possível interpretação do paradigma atual do processo, podendo ser considerado como uma quarta fase metodológica processual. Proveniente da escola de processo da Universidade Federal do Rio Grande do Sul, a tese tem como o seu principal defensor o saudoso Prof. Carlos Alberto Alvaro de Oliveira. O seu pensamento consiste em alocar o processo no centro da teoria geral, equacionando de maneira adequada o direito, o processo e a Constituição. O formalismo-valorativo elenca dois paradigmas balizadores do processo civil: (1) efetividade e (2) segurança jurídica.

O problema dessa teorização, embora possua diversos adeptos espalhados pelo Brasil, é, como lembra o Prof. Guilherme Botelho, na obra «Direito ao processo qualificado: o processo civil na perspectiva do Estado constitucional» (anteriormente referenciada), é a sua falta de publicização.

Apenas um parêntese: a minha proposta de ensino é, e sempre, ser imparcial e completo em conteúdo, buscando não trazer opiniões ou suprimir determinado pensamento simplesmente porque eu não gosto ou não concordo. Sou adepto da ética e da pluralidade teórica.

Entretanto, se me permitem, terei que romper com proposta, por alguns instantes, para sinalizar que estou de acordo com a afirmação do Prof. Botelho. Para a difusão do formalismo-valorativo (e em quase mesmo problema incorre o neoinstitucionalismo), seria necessário dar maior ênfase à estudos sobre essa teorização. Após o falecimento do Prof. Alvaro de Oliveira, o formalismo-valorativo parece que foi, infelizmente, deixado de lado, ou melhor, abafado por outras teorizações que possuem maior veículo de publicização – peguem o caso da (instigante) obra «Do formalismo no processo civil: proposta de um formalismo-valorativo», escrita pelo Prof. Alvaro de Oliveira, publicada em 2010, pela Saraiva: conseguir um exemplar dessa obra (em sebos) é como achar um diamante.

O neoinstitucionalismo é a denominação da quarta fase metodológica sustentada nas teorizações da escola mineira de processo, marcadas pela influência da teorização do filósofo e sociólogo jurídico Jürgen Habermas. O Prof. Rosemiro Pereira Leal (responsável por a sugerir), sustenta que essa fase metodológica seria uma conquista da pós-modernidade, na qual o processo ganharia contornos distintivos constitucionalizados, especialmente o marco democrático constitucional. Para o neoinstitucionalismo, o processo é uma conquista da cidadania que a fundamenta por meio dos princípios e institutos, com o marco da teoria discursiva em seu bojo.

Avançando; o neoprocessualismo. Quiçá, essa seja a segunda fase metodológica de maior conhecimento na atualidade por conta de seus principais pensadores e adeptos, dos quais se destaca o Prof. Fredie Didier Jr. O neoprocessualismo defende a ideia de um processo civil voltado para o processo descrito na Constituição Federal, mediante revisão de categorias processuais. Não há, precisamente (ou mais bem definido), um paradigma balizador dessa etapa metodológica, seu pensamento está muito mais ligado com a preocupação da relação entre o processo e a constituição.

Vale a menção de outras duas teses que poderiam estar situadas como uma quinta fase (a partir da própria sistematização de seus idealizadores) metodológica do direito processual brasileiro.

A primeira é a tese do Prof. Vicente de Paula Ataíde Júnior, quem, em sua tese de doutoramento, defendeu a existência de um novo paradigma cultural processual, o pragmático. Para o autor, o pragmatismo processual deve se consolidar enquanto método processual, visto que somente com uma organização metodológica, o pragmatismo poderia oferecer toda sua potencialidade para a construção de um sistema de justiça mais eficiente quanto à sua finalidade essencial, qual seja, resolver problemas de maneira adequada, efetiva e tempestiva.

A segunda é a tese defendida pelo Prof. Antonio Pereira Gaio Júnior, sobre o desenvolvimento como paradigma atual do direito processual. Devo sinalizar, analisando a sua bibliografia, que não se trata de proposta teórica nova; há, pelo menos, duas décadas de pensamento do autor abordando o processo (civil) como forma de contribuir com o desenvolvimento local, regional ou nacional. O processo seria, portanto, instrumento pelo qual há um serviço público prestado e, de igual forma, é eivado de garantias do cidadão, de modo que, melhorar a qualidade de vida da sociedade seria uma das principais diretrizes (ou balizas) desse paradigma.

5   CONSIDERAÇÕES FINAIS

Espero, com este pequeno escrito, o qual foi elaborado sem a pretensão de exaurir o tema, ter clarificado que todas as significações nas instituições processuais são passíveis de ressignificação a considerar o contexto (e alguns outros elementos), de modo que é imprescindível, aos que buscam conhecimento sobre o direito processual, entender o «plano de fundo» daquele que escreve ou daquilo que foi escrito. Uma menção honrosa: o tema aqui rabiscado já foi elaborado de forma majestosa por grandes autoridades do direito, dos quais faço destaque ao estudo (denso) desenvolvido pelo Prof. Marco Félix Jobim, na obra «Processo Civil brasileiro: suas fases culturais e escolas», publicada pela Livraria do Advogado, atualmente em sua 5ª edição (2022), a qual indico para aprofundar estes apontamentos – especialmente porque foi o livro que me auxiliou a compreender com clareza cada um dos pontos elencados neste trabalho e estabelecer esse como tema-base do direito processual.

Agradeço à equipe do Magis Portal Jurídico por permitir que eu exponha, com total liberdade, as minhas ideias na minha coluna mensal «O Processo Civil Nosso de Cada Dia» e por aceitar estas reflexões – elaboradas com a máxima cautela para, de um lado, não perder o rigor científico e descaracterizar o trabalho para sua configuração como «capítulo de livro» e, por outro, utilizar de abordagem condizente com a proposta de uma matéria mensal – para a obra que se está organizando entre manuscritos elaborados pelos colunistas do Portal.

FAMÍLIA AOS BOCADOS

ALIENAÇÃO PARENTAL E SUA CONEXÃO COM ARISTÓTELES E O MITO DO AMOR MATERNO

11

Fernanda Las Casas[1]

Dentro na nossa sociedade patriarcal, a mulher desde a Antiguidade já era retratada por Aristóteles como inferior ao homem[2] e detentora de grande dificuldade para obedecer ao marido[3]. O filósofo chama de "poder marital" o poder que o marido tem em relação à mulher[4], este poder perdurou no Brasil até a entrada da Constituição Federal de 1988 que eliminou a desigualdade parental na administração e cuidados com a família, bem como retirou qualquer tipo de incapacidade relacionada ao gênero.

Se no princípio a filosofia sustentava que a desigualdade familiar era baseada na autoridade do homem sobre a mulher, em virtude de uma

[1] Advogada. Doutoranda em Direito pela Universidade de São Paulo (USP). Mestre em Direito Civil (FADISP). Pós-graduada em Direito de Família e Sucessões (ESA). Docente titular na Universidade Metropolitana de Santos (UNIMES). Diretora do IBDFAM no Núcleo Santos, Coordenadora da Comissão de Estudos e Pesquisas em Direito de Família e Sucessões do IBDFAM Santos. Coordenadora Geral dos núcleos de Estudo do IBDFAM ABCDMR. Consultora das Comissões de Família e Sucessões da OAB de São Caetano do Sul e de Santo André. Parecerista nas Revistas Científicas da DPU, Metodista e Pensamento Jurídico. Responsável pela na coluna "Família aos bocados" no Portal Magis. Membro da *International Society of Family Law*. Autora e Organizadora de obras jurídicas. E-mail: contato@fernandalascasas.com.br.

[2] ARISTÓTELES. **A Política.** (tradutor) Torrieri Guimarães. São Paulo: Martin Claret, 6ª. ed. 2001. p. 33.

[3] ARISTÓTELES. **A Política.** (tradutor) Torrieri Guimarães. São Paulo: Martin Claret, 6ª. ed. 2001p. 35.

[4] ARISTÓTELES. **A Política.** (tradutor) Torrieri Guimarães. São Paulo: Martin Claret, 6ª. ed. 2001p. 16.

"desigualdade natural entre os sexos", sendo o homem superior a mulher; na atualidade, a desigualdade familiar se sustenta no mito do amor materno, o qual defende ser um instinto natural da mulher despojar das suas aspirações e ambições para atender a todas as necessidades dos filhos de forma altruística.

Nesse sentido, é possível perceber como a dinâmica familiar, ensinada por Aristóteles, entre os anos de 384-322 a.C., é reproduzida com naturalidade ainda hoje.

Essa forma de relacionar-se reverbera nas relações familiares e parentais ainda no sec. XXI, isso porque fica latente, sobretudo, na dissolução do vínculo conjugal, o litígio existente entre gêneros que é alimentando geração após geração, levando a distorções afetivas as quais criam sementes da alienação parental.

Diante de papéis familiares tão engessados, as varas de família (em sua maioria) mantêm a residência dos filhos com as mães, podendo a guarda ser unilateral, com o exercício parental (tomada de decisões), exclusiva da mãe ou ainda a guarda compartilhada com o exercício parental de ambos.

Não podemos deixar de mencionar que uma decisão judicial, estabelecendo a guarda compartilhada, na prática, não assegura o interesse do genitor convivente em ter uma participação mais ativa na vida dos filhos, ou mesmo que o genitor guardião permita de fato essa participação frequente e ampliada.

O grande desafio em relacionamento entre pais, filhos e ex-cônjuges é manter a convivência equilibrada e saudável entre o ex-casal e seus filhos. Desafio este que se deve também à cultura patriarcal, ainda presente, de que o homem é responsável exclusivo pelas despesas da criança, e a mulher a responsável exclusiva pelo afeto e demais cuidados essenciais.

A nova geração de pais não aceita mais o papel engessado de pai provedor, quer participar, principalmente nos cuidados essenciais, na formação moral e afetiva da criança, e as mulheres, em muitos casos, demonstram o desejo de investir em sua carreira profissional, assim surge o conflito entre a família aristotélica, com o patriarca mantenedor e sua mãe natural, e a família na pós-modernidade, com o pai participativo e afetuoso e a mãe titular de uma carreira profissional, o que tem trazido números alarmantes de alienação parental às varas da família.

Afinal, nem sempre o pai aristotélico/provedor aceita que a mãe disponha de mais tempo investindo na sua carreira em detrimento da exclusividade nos cuidados com o filho, isso por si só exigiria que o pai aristotélico/provedor também disponibilizasse maior tempo com os cuidados com o filho. Ou ainda, a mãe que tem a maternidade como grande objetivo também não aceita o pai que deseja a guarda, ou no mínimo passar o final de semana inteiro com o filho em tenra idade, responsabilizando-se pelos cuidados essenciais, essa mãe "natural" não quer abrir mãe do papel principal da maternidade e buscar meios para contribuir economicamente na manutenção das despesas do filho.

A alienação parental nasce do conflito entre o desejo do alienador de assegurar que sua vontade se sobreponha à vontade do genitor alienado, suprimindo completamente a voz do filho e o seu direito de escolha, nesse cenário, de forma cruel, iniciam-se os atos de alienação parental.

Vejamos, os atos de alienação parental vão desde uma campanha difamatória, vinculada ao julgamento moral do que "deveria ser", na visão do alienado, o pai aristotélico/provedor, ausência do "natural amor materno" da mulher que só pensa no trabalho ou ainda mentiras sobre o abandono afetivo; mentiras estas que repercutem em memórias emprestadas à criança, inclusive chegando à imputação de falsos crimes, cujo objetivo principal do alienador é a punição do genitor alienado pela negativa da realização de seus desejos, transformando a criança em objeto de vingança.

O Art. 2º da Lei da Alienação Parental (12.318/10) a define da seguinte forma:

> Lei 12.318/2010 – art. 2º - Considera-se ato de alienação parental a interferência na formação psicológica da criança ou do adolescente promovida ou induzida por um dos genitores, pelos avós ou pelos que tenham a criança ou adolescente sob a sua autoridade, guarda ou vigilância **para que repudie genitor ou que cause prejuízo ao estabelecimento ou à manutenção de vínculos com este**. (grifos nossos)

A lei considera atos de alienação parental os atos declarados pelo juiz ou constatados por meio da perícia, por exemplo: realizar campanha de desqualificação da conduta do genitor no exercício da paternidade ou maternidade. Conforme segue ilustrado: "Seu pai não se interessa por você, agora ele tem outra família" ou "sua mãe não cuida de você pois só pensa em trabalho".

Podemos contribuir com o exemplo da omissão intencional, ao outro genitor, de informações pessoais relevantes sobre a criança ou adolescente, inclusive escolares, médicas e alterações de endereço, a exemplo, pai que tem a guarda do filho e não comunica à mãe informações importantes sobre a saúde da criança, sua situação escolar ou muda de endereço sem comunicar a mãe.

A mais cruel de todas é a apresentação de falsa denúncia contra genitor, contra familiares deste ou contra avós, para obstar ou dificultar a convivência deles com a criança ou adolescente, por exemplo, genitor que acusa falsamente o outro de crime tais como abuso sexual ou maus-tratos com o intuito de afastá-lo do filho.

Por certo, a lei é necessária para impedir que atos como estes perpetuem na rotina da criança e, assim, quebrem qualquer vínculo afetivo com o genitor alienado, deixando marcas da alienação as quais podem ser repassadas até a três geração, gerando distúrbios psicológicos com efeito de longa duração.

Importante entender as origens da alienação parental para combatê-la de fato, não basta uma lei apresentando um conceito legal e punições para o alienador, para que deixe de existir pessoas que pratiquem tais atos perversos. É fundamental que a sociedade volte para si e perceba que a família aristotélica como única possibilidade de família não existe de forma isolada, a Constituição Federal de 1988 abarcou uma grande variedade de formações familiares.

Ainda, o amor materno não constitui um sentimento inerente à condição de mulher, sendo variável conforme a cultura, as ambições ou as frustrações da mãe, assim como o homem não é mais o provedor absoluto da família.

Deste modo, da mesma forma que a tecnologia evolui e traz uma dinâmica diferente para as rotinas das pessoas (nem sempre benéfica, mas faz parte da evolução), os papéis parentais se modificaram, são mais fluídos, variam de acordo com as flutuações socioeconômicas da família, o que torna inevitável uma releitura sobre a ampliação do papel da mulher para a mãe também como figurante do mercado de trabalho e do pai antes apenas provedor, para o pai participativo dos cuidados domésticos com os filhos.

LAWFARE, ESG E COMPLIANCE

12

Marcelo Gonçalves[1]

Os episódios jurídicos e políticos, dos últimos anos, foram capazes de mostrar a força que a legislação pode impor em atores políticos e privados. A justiça parece, em muitos momentos falha, mas quando alcança o indivíduo, ela se demonstra implacável. A "Operação Lava Jato" exibiu como o processo penal pode ser brutal e seletivo, nas suas práticas. O *impeachment* da Presidenta Dilma Roussef deixou claro que, mesmo em um regime extremamente positivista, como o brasileiro, a Lei ainda pode ser utilizada para fins estritamente políticos.

Na história política recente do Brasil, foi possível identificar um uso desenfreado de medidas legais, para pressionar certos indivíduos ou corporações. Empresas, durante a "Operação Lava Jato" foram cercadas, com inúmeras restrições legais e até violações de garantias, como uma forma de pressão às pessoas físicas envolvidas na investigação.

Em um determinado momento, houve um grande medo da Lava Jato, as empresas realmente tinham o pavor de simplesmente serem citadas na operação, visto que isso causaria uma espécie de associação direta com corrupção. A pressão judicial e midiática era tão forte nas investigações, que havia pouco espaço para esclarecimentos, depois de

---

[1] Advogado, inscrito na OAB/RS sob nº 103.166. Graduado em Ciências Jurídicas e Sociais pela Universidade de Passo Fundo, no ano de 2015. Especialista em Advocacia Criminal pela Universidade de Passo Fundo - ano de obtenção: 2017. Mestre em Direito pelo Programa de Pós-Graduação Stricto Sensu da Universidade de Passo Fundo, linha de pesquisa "Relações Sociais e Dimensões do Poder" - ano de obtenção: 2020. Doutorando em Direitos Humanos na Universidade Regional do Noroeste do Estado do Rio Grande do Sul – UNIJUI.

envolvida, a empresa levaria meses de lobby político e publicitário, para desconstruir a imagem de corrupta, e voltar à normalidade.

Ainda na "Operação Lava Jato", aconteceram outros episódios, extrapenais, que causaram uma grande repercussão, como por exemplo, a divulgação de diálogos entre Lula e outras figuras políticas[2], a condução coercitiva do, à época, ex-Presidente Lula, ou a famigerada denúncia de PowerPoint apresentada pelo Ministério Público Federal[3]. No final, Lula foi absolvido em razão da suspeição do Juiz Sérgio Moro, e foi reconduzido à Presidência do país; logo, poucas repercussões penais foram mantidas, mas as repercussões políticas e midiáticas causaram um dano imensurável à democracia brasileira.

Nesse último ano, depois das eleições do Presidente Lula, manifestantes bloquearam rodovias pelo país, como uma forma de protesto contra o resultado das eleições. A coluna passa ao largo da legitimidade do movimento, utilizando o episódio somente para dar outro exemplo sobre como empresas podem acabar pressionadas pelo Judiciário, em razão de práticas de pessoas físicas.

Isso porque, se observou naquele momento, que o Ministro Alexandre de Moraes, no bojo das investigações desses atos, reputados antidemocráticos, determinou o bloqueio de bens e valores de empresas que estariam, em tese, envolvidas com o financiamento dos bloqueios de rodovias[4].

Em relação aos protestos violentos ocorridos em janeiro de 2023, no mês seguinte, fevereiro, a Advocacia-Geral da União pediu à Justiça Federal do Distrito Federal o bloqueio de parte do patrimônio dos

---

[2] RICHTER, André. Moro pede desculpas ao STF por divulgar conversa de Lula e Dilma. **Agência Brasil.** 29 mar. 2023. Disponível em: https://agenciabrasil.ebc.com.br/politica/noticia/2016-03/moro-admite-ao-stf-equivoco-ao-divulgar-conversa-de-lula-e-dilma. Acesso em: 12 maio 2023.

[3] CONJUR. As polêmicas do caso Lula: grampos, condução coercitiva e PowerPoint. **Conjur.** 23 jan. 2018. Disponível em: https://www.conjur.com.br/2018-jan-23/polemicas-lula-grampos-conducao-coercitiva-powerpoint. Acesso em: 12 maio 2023.

[4] SATIE, Anna; ALENCAR, Caíque. Moraes manda bloquear contas de 43 suspeitos de financiar atos golpistas. **UOL.** 17 nov. 2022. Disponível em: https://noticias.uol.com.br/politica/ultimas-noticias/2022/11/17/moraes-manda-bloquear-contas-de-43-suspeitos-de-financiar-atos-golpistas.htm. Acesso em: 12 maio 2023.

envolvidos, dentre eles empresas e empresários, nos atos em Brasília, como forma de assegurar o ressarcimento dos danos aos cofres públicos[5].

Obviamente, que bloqueios de bens e a repercussão midiática de casos de corrupção, não são piores que a prisão. Contudo, em tempos de tantas fake news, uma mancha na imagem da corporação, pode custar o faturamento do ano, bem como, demandar todo um investimento em reposicionamento da marca e reconstrução da credibilidade da companhia. O bloqueio de ativos de empresas pode ser fatal para uma corporação, pois fica sem acesso aos seus ativos, e a única solução é desonrar compromissos, desde com seus empregados, até fornecedores e tributação.

Esses breves exemplos são expostos com a finalidade de demonstrar que não é somente com o direito penal, na sua forma mais "crua", através do crime e da pena de prisão, que o Estado pode impor medidas autoritárias. Diante da excepcional existência de responsabilização penal da pessoa jurídica, no ordenamento jurídico brasileiro, limitada aos crimes ambientais, as empresas se veem imunes ao direito penal, o que não é o caso.

O direito penal, e sua forma instrumental através do processo penal, são instrumentos políticos. Um Estado, para ser mais abusivo e repressor, comumente abusa de instrumentos penais, para perseguir um determinado grupo ou oposição. Não é por outra razão que, por exemplo, Luigi Ferrajoli trava uma grande luta pela racionalização do direito penal, pois no descontrole, abusos são cometidos[6].

Exemplo disso foi o vai-e-vem da prisão em segunda instância. O Supremo Tribunal Federal, em 2016, no julgamento do HC 126.292, no auge da "Operação Lava Jato", reviu seu entendimento, e passou a permitir a prisão do Réu, acaso condenado em segunda instância, mesmo que pendente o trânsito em julgado da decisão, ou seja, não importando

[5] NOTÍCIAS AGU. AGU pede bloqueio de R$ 6,5 milhões em bens de 52 pessoas e 7 empresas que financiaram atos golpistas. **Notícias AGU.** 12 jan. 2023. Disponível em: https://www.gov.br/agu/pt-br/comunicacao/noticias/agu-pede-bloqueio-de-r-6-milhoes-em-bens-de-52-pessoas-e-7-empresas-que-financiaram-atos-golpistas. Acesso em: 12 maio 2023.
[6] FERRAJOLI, Luigi. **Direito e razão:** teoria do garantismo penal. Tradução de Ana Paula Zomer Sica; Fauzi Hassan Choukr; Juarez Tavares; e Luiz Flávio Gomes. 4 ed. São Paulo: Editora Revista dos Tribunais, 2014.

que ainda coubesse recurso ao STJ ou a próprio STF. Foi nesse tempo que o ex-atual-Presidente Lula foi preso. Com efeito, o Supremo Tribunal Federal, em um julgamento isolado de *habeas corpus*, permitiu a restrição de um importante direito fundamental, que é a presunção de inocência[7], o que acabou refletindo nas eleições de 2018.

Então, em 2019, no julgamento de três ADC's (43, 44 e 54), o STF reviu a posição pela quarta vez, acerca da impossibilidade de prisão automática, vez exaurida as instâncias ordinárias de recurso, permitindo que o Réu permaneça solto até o trânsito em julgado da sentença penal condenatória, como manda a Constituição da República[8].

É nessa linha tênue, entre Justiça e legalidade, que a "Operação Lava Jato" andou. É nessa mesma corda bamba que as recentes medidas do Supremo Tribunal Federal estão. Ou seja: quando o uso da Lei deixa de ser uma garantia, para se tornar um abuso de poder?

A presente coluna não conseguirá (talvez nunca alguém será capaz de) chegar a uma conclusão, em relação a essa pergunta. Porém, é possível compreender como empresas podem se prevenir, frente a essa nova forma de fazer direito penal, que se adotou no Brasil, e América Latina, nos últimos anos.

Esse fenômeno, de usar a Lei como instrumento de pressão, recebeu o nome de *lawfare*, que é uma ferramenta mais política, do que necessariamente jurídica. Segundo Cristiano Zanin, Valeska Teixeira e Rafael Valim, o termo *lawfare* corresponde a união da palavra *law*, que pode ser traduzida como direito e *warfare*, que basicamente é guerra; então, *lawfare* é o uso do direito, como arma de guerra[9].

---

[7] HC 126292, Relator(a): TEORI ZAVASCKI, Tribunal Pleno, julgado em 17/02/2016, PROCESSO ELETRÔNICO DJe-100 DIVULG 16-05-2016 PUBLIC 17-05-2016 RTJ VOL-00238-01 PP-00118.

[8] DOS SANTOS, Carlos Eduardo Ferreira. Sobre a prisão após condenação em segunda instância. **Conjur.** 30 ago. 2021. Disponível em: https://www.conjur.com.br/2021-ago-30/ferreira-prisao-condenacao-segunda-instancia. Acesso em: 12 maio 2023.

[9] ZANIN MARTINS, Cristiano; ZANIN MARTINS, Valeska Teixeira. VALIM, Rafael. **Lawfare:** uma introdução. São Paulo: Editora Contracorrente, 2019, p.21.

Orde F. Kittrie[10], em obra de 2016, traz exemplos de como potências militares utilizam de ferramentas legais, atinentes ao direito internacional público, como armas de combate. Ao invés da custosa guerra tradicional, com bombas e soldados, o *lawfare* faz uso de uma linha oblíqua de guerra, através de embargos econômicos, sanções comerciais, exclusão de determinados blocos internacionais, e assim por diante.

Recentemente, se presenciou um franco uso do *lawfare* na invasão da Ucrânia, protagonizada pela Rússia de Putin. O bloco Ocidental, geopoliticamente representado pela OTAN – Organização do Tratado do Atlântico Norte –, que é rescaldo do grande bloco militar do embate Estados Unidos da América do Norte e a URSS, durante a Guerra Fria, se recusou a dar apoio militar à Ucrânia, porém, adotou medidas alternativas a guerra comum, para auxiliar no combate.

Por exemplo, logo após a invasão da Ucrânia, vários países do bloco Ocidental, dentre eles Reino Unido e EUA, passaram a congelar ativos de grandes oligarcas russos, e do próprio presidente do país, Vladimir Putin. Parte da Europa se mobilizou para suspender as importações de petróleo cru, e outras *commodities*, como forma de enfraquecer o Kremlin[11].

A realidade russa é muito marcada por seus grandes bilionários, que são extremamente próximos ao governo. Com efeito, permanece sem explicação como o colapso da União Soviética, um regime comunista, lançou ao mundo um grande volume de bilionários nos anos 90, que controlam, inclusive, grande parte do fluxo de petróleo e gás natural utilizado pela Europa.

Enfim, aconteceu uma ofensiva global contra esses grandes bilionários. A França e a Alemanha, por exemplo, confiscaram iates e embarcações de luxo dos oligarcas, como uma forma de tentar pressionar

---

[10] KITTRIE, Orde F. **Lawfare**: law as a weapon of war. New York: Oxford University Press, 2016.

[11] G1. Guerra na Ucrânia: qual o impacto das sanções contra Rússia após um ano da invasão? **G1.** 23 fev. 2023. Disponível em: https://g1.globo.com/mundo/ucrania-russia/noticia/2023/02/23/guerra-na-ucrania-qual-o-impacto-das-sancoes-contra-russia-apos-um-ano-da-invasao.ghtml. Acesso em: 12 maio 2023.

essas figuras de grande poder na Rússia, a adotarem medidas contra a invasão à Ucrânia.

Todavia, houve um fenômeno paralelo, que é uma espécie de efeito *lawfare*, na esfera privada. Grandes empresas, comumente associadas com o capitalismo ocidental, se viram pressionadas a fechar operações na Rússia. Segundo levantamento da Universidade de Yale, mais de mil empresas multinacionais deixaram a Rússia, até o quarto mês de invasão[12].

As justificativas são variadas. Algumas marcas, em razões das sanções econômicas, teriam dificuldades de manter o fluxo financeiro com o mercado russo, e a única saída seria suspender as operações. Por outro lado, o McDonald's encerrou as atividades no país, sob a alegação de que iria "permanecer inflexível em seus valores"[13]. Na realidade, as grandes multinacionais, que demoraram em abandonar a Rússia, começaram a ser tratadas como apoiadoras de valores antidemocráticos, o que gerou uma crise de imagem em muitas companhias, tornando o abandono da gigante Rússia, uma medida inevitável. A saída do McDonald's foi emblemática, porque ela foi uma das primeiras marcas a ingressar na Rússia, após o colapso da União Soviética nos anos 90.

Muitas outras empresas encerraram operações na Rússia: Boieng, Embraer, Visa, MasterCard, Coca-Cola, Exxon, Shell, Starbucks[14]; enfim, grandes multinacionais globais não conseguiram resistir a pressão da guerra da Ucrânia, e acharam melhor abdicar do maior país do mundo, a sofrer com sanções.

Interessante notar que, essa debanda das empresas gera um "efeito rebote", que agrava a crise russa, causada pela guerra, que é a

---

[12] QUINTINO, Larissa. Cerca de 300 multinacionais já deixaram a Rússia; Nike é a mais nova delas. **Veja.** 23 jun. 2022. Disponível em: https://veja.abril.com.br/economia/cerca-de-300-multinacionais-ja-deixaram-a-russia-nike-e-a-mais-nova-delas/. Acesso em: 12 maio 2023.

[13] CARTA CAPITAL. McDonald's reabre com novo nome na Rússia. **Carta Capital.** 12 jun. 2022. Disponível em: https://www.cartacapital.com.br/mundo/mcdonalds-reabre-com-novo-nome-na-russia/. Acesso em: 12 maio 2023.

[14] G1. As empresas que deixaram a Rússia depois do início da guerra. **G1.** 01 mar. 2022. Disponível em: https://g1.globo.com/economia/noticia/2022/03/01/as-empresas-que-deixaram-a-russia-depois-do-inicio-da-guerra.ghtml/. Acesso em: 12 maio 2023.

extinção de postos de trabalho. Muitas dessas multinacionais mantinham operações grandiosas e complexas na gigante gelada da Europa, e acabaram demitindo seus empregados, no ato de fechamento das atividades.

Assim, uma série de decisões políticas, tomadas nos gabinetes de grandes autoridades políticas e diretores executivos da empresa, geram consequências para pessoas que sequer tem conhecimento dos motivos da guerra. Essa é uma marca da realidade global, em que os reflexos das decisões dificilmente são absorvidos pelos que tem a palavra final, em uma espécie de coletivização do risco.

Alguns autores brasileiros estão trazendo essa terminologia, *lawfare*, para definir os episódios recentes de pressão política, principalmente, sobre o Partido dos Trabalhadores, que acabou culminando no *impeachment* da Presidente Dilma Roussef. Como define Felipe Veiga Costa e Alisson Thiago de Assis Campos[15]:

> *Pode-se dizer que a prática do lawfare se manifestaria por meio da manipulação das leis, dos procedimentos e dos entendimentos jurisprudenciais, com o objetivo de atingir determinados setores, indivíduos ou organizações qualificadas como "inimigos políticos". A sua prática se faz notar, ainda, pela espetacularização das punições e pela convalidação de medidas arbitrárias e ilegais em nome de uma necessidade de combate à criminalidade, o que fere de morte os princípios constitucionais e dá ensejo a uma flexibilização circunstancial das garantias fundamentais. Traficantes de drogas, chefes de organizações criminosas, políticos envolvidos em escândalos de corrupção, milicianos, homens que praticam violência contra as mulheres são alguns exemplos que ilustram as diversas categorias dos sujeitos eleitos como inimigos políticos do Estado. Visando atender ao sentimento de vingança social, que preza pela eliminação e exclusão desses sujeitos, o próprio Estado se utiliza do processo e da lei para decretar uma guerra simbólica, cujo*

---

[15] COSTA, Fabricio Veiga; CAMPOS, Alisson Thiago de Assis. Lawfare e processo penal democrático: desafios da construção participada e racional do mérito processual. **Revista de Direito Brasileira**, [S.l.], v. 27, n. 10, p. 178-200, abr. 2021. ISSN 2358-1352. Doi: http://dx.doi.org/10.26668/IndexLawJournals/2358-1352/2020.v27i10.6883. Disponível em: https://www.indexlaw.org/index.php/rdb/article/view/6883. Acesso em: 01 maio 2023. p. 198.

objetivo é punir exemplarmente esses sujeitos, em contrariedade aos princípios constitucionais que regem o processo penal garantista e democrático.

No contexto nacional, o uso do *lawfare* se destacou pela utilização de ferramentas processuais penais, como forma de gerar pressão em determinados partidos políticos e grupos apoiadores, que são considerados "inimigos" da ordem vigente. Por isso que foram trazidos os exemplos, no início da coluna, como as reviravoltas de entendimentos do STF, bem como, o uso de bloqueio de bens e valores empresas e sócios, como forma de pressionar manifestantes em protestos. Tudo são maneiras de forçar adversários a ceder no seu posicionamento político.

Então, o *lawfare* não é algo restrito às guerras entre países, tampouco, um fenômeno puramente político. O privado, como aconteceu na "Operação Lava Jato", às vezes se vê no epicentro de medidas processuais penais, cujo alvo, muitas vezes nem é a própria empresa, mas uma maneira de exercer pressão sobre alguém, um possível delator ou alguma grande financiador político do opositor.

A Construtora Odebrecht, por exemplo, não era totalmente corrupta, muitos de seus empregados, que perderam o emprego, em razão da crise de imagem da companhia, não tinham relação alguma com os episódios da "Operação Lava Jato", mas foram obrigados a absorver as consequências. Teve um determinado momento, que qualquer empresa que tivesse restado vencedora em alguma licitação da Petrobrás, ou de qualquer tipo de produto vinculado ao setor de óleo e gás no Brasil, era uma potencial corrupta. As empresas passaram a dobrar o cuidado nas relações com o Poder Público, em razão do medo da corrupção.

A Guerra da Ucrânia abriu uma nova página na história do *lawfare*, porque a proximidade com países sob um regime radical ou autoritário, também, pode arranhar a imagem da companhia. Claro que, nesse ponto, a mídia internacional é um tanto seletiva, tendo em vista que a afinidade com a China não é tão mal vista, quanto a intimidade com a Rússia.

E aqui, depois dessas longas linhas, que se chega ao ESG. Já foi dito, mais de uma vez nessa coluna, que medidas de ESG e *compliance* pesam muito na imagem das empresas, e as práticas de governança estão diretamente atreladas às relações com o Poder Público, bem como, com os processos de expansão das grandes multinacionais.

Quando uma gigante, como Coca-Cola, Apple ou HP, querem ingressar em novo país, um dos primeiros passos é a aproximação política. Isso porque, em alguns momentos são necessários ajustes legislativos ou a mediação com o sindicato de trabalhadores do setor. É quase impossível para uma indústria de grande porte, chegar a uma nova nação, sem travar conversas com as principais autoridades públicas.

Diante disso, o fator político das decisões das companhias deve começar a pesar de agora em diante. Uma multinacional não vai poder se dar ao luxo de avançar sobre um país extremista, que defendam pautas que não se alinham as premissas que guiam a atividade empresarial em países com maiores liberdades individuais. A foto do diretor executivo da companhia, apertando as mãos de um grande Ditador, pode comprometer a imagem da empresa em mercados de países ditos democráticos.

Por exemplo, muitas empresas estão sendo cobradas sobre o fato de, no Ocidente, defenderem a inclusão e a inserção da mulher no mercado de trabalho, porém, não abrem mão de manter operações no Oriente Médio, altamente intolerante com relações homo afetivas, ou que ainda mantenham medidas misóginas de repressão à mulher.

A questão aqui não é a crítica a cultura desses países, existem outros locais de fala e formas de debater essa questão. O papel da mulher na sociedade islâmica é um embate milenar, que não pode ser resolvido em poucas linhas. O ponto nerval dessa coluna, é que as empresas não podem mais adotar a hipocrisia. No Brasil, fazer toda uma campanha publicitária em prol da liberdade da expressão e defesa da democracia, mas, no outro lado do mundo, apoiar algum regime ditatorial. O oportunismo do mercado não é mais tolerável, e a marca deve manter certa coerência.

Trata-se de uma escolha, obviamente, difícil, entre o lucro e manter uma posição firme em defesa dos próprios valores. Talvez, um dia, o mercado consumidor, através de boicotes a certas marcas, possa ditar o ritmo dessas decisões, para que as empresas mantenham um ESG fidedigno com o que consta na "missão, visão e valores", da companhia.

Obviamente, que a mídia acaba sendo muito seletiva nesse aspecto. O debate é escasso sobre as condições das minas em que se extraem o ouro e o diamante, utilizados em *smartphones*. Embora tenham havido denúncias recentes de empresas de moda, usando de trabalho escravo no sul da Ásia, os fatos repercutiram de forma tímida no mercado. Na Guerra da Ucrânia, o cenário é diferente, porque os Estados Unidos da América do Norte utilizaram de todo o seu potencial hegemônico para frear a Rússia, como uma espécie de *reboot* da Guerra Fria.

Ainda, se soma a esse debate uma preocupação do setor de *compliance*, para que recursos privados da empresa, não sejam utilizados como forma cooptação de práticas violadoras de direitos humanos. Hoje, uma aproximação com o governo russo, por mais lucrativo que seja, pode representar o apoio à invasão da Ucrânia. Além disso, não vai ser possível realizar um jogo de soma zero, visto que apoiar a Rússia, pode representar a perda do apoio do bloco Ocidental, liderado pelos Estados Unidos da América do Norte.

Portanto, embora o ESG, *compliance* e *lawfare* não sejam conceitos diretamente ligados, em uma economia fortemente globalizada, e um mercado cada vez mais exigente, a posição política de uma empresa, frente a um conflito armado, pode ser decisivo para a manutenção da imagem da companhia. Eis o papel do ESG e *compliance*, garantir que os investimentos e as relações da empresa, não comprometam sua imagem no mercado internacional, tampouco, prejudique importantes e lucrativas relações com países que são superpotências globais, como China e EUA.

REFERÊNCIAS

CARTA CAPITAL. McDonald's reabre com novo nome na Rússia. **Carta Capital.** 12 jun. 2022. Disponível em: https://www.cartacapital.com.br/mundo/mcdonalds-reabre-com-novo-nome-na-russia/. Acesso em: 12 maio 2023.

CONJUR. As polêmicas do caso Lula: grampos, condução coercitiva e PowerPoint. **Conjur.** 23 jan. 2018. Disponível em: https://www.conjur.com.br/2018-jan-23/polemicas-lula-grampos-conducao-coercitiva-powerpoint. Acesso em: 12 maio 2023.

COSTA, Fabricio Veiga; CAMPOS, Alisson Thiago de Assis. Lawfare e processo penal democrático: desafios da construção participada e racional do mérito processual. **Revista de Direito Brasileira**, [S.l.], v. 27, n. 10, p. 178-200, abr. 2021. ISSN 2358-1352. Doi: http://dx.doi.org/10.26668/IndexLawJournals/2358-1352/2020.v27i10.6883. Disponível em: https://www.indexlaw.org/index.php/rdb/article/view/6883. Acesso em: 01 maio 2023.

DOS SANTOS, Carlos Eduardo Ferreira. Sobre a prisão após condenação em segunda instância. **Conjur**. 30 ago. 2021. Disponível em: https://www.conjur.com.br/2021-ago-30/ferreira-prisao-condenacao-segunda-instancia. Acesso em: 12 maio 2023.

FERRAJOLI, Luigi. **Direito e razão:** teoria do garantismo penal. Tradução de Ana Paula Zomer Sica; Fauzi Hassan Choukr; Juarez Tavares; e Luiz Flávio Gomes. 4 ed. São Paulo: Editora Revista dos Tribunais, 2014.

G1. As empresas que deixaram a Rússia depois do início da guerra. **G1.** 01 mar. 2022. Disponível em: https://g1.globo.com/economia/noticia/2022/03/01/as-empresas-que-deixaram-a-russia-depois-do-inicio-da-guerra.ghtml/. Acesso em: 12 maio 2023.

G1. Guerra na Ucrânia: qual o impacto das sanções contra Rússia após um ano da invasão? **G1.** 23 fev. 2023. Disponível em: https://g1.globo.com/mundo/ucrania-russia/noticia/2023/02/23/guerra-na-ucrania-qual-o-impacto-das-sancoes-contra-russia-apos-um-ano-da-invasao.ghtml. Acesso em: 12 maio 2023.

KITTRIE, Orde F. **Lawfare:** law as a weapon of war. New York: Oxford University Press, 2016.

NOTÍCIAS AGU. AGU pede bloqueio de R$ 6,5 milhões em bens de 52 pessoas e 7 empresas que financiaram atos golpistas. **Notícias AGU.** 12 jan. 2023. Disponível em: https://www.gov.br/agu/pt-br/comunicacao/noticias/agu-pede-bloqueio-de-r-6-milhoes-em-bens-de-52-pessoas-e-7-empresas-que-financiaram-atos-golpistas. Acesso em: 12 maio 2023.

QUINTINO, Larissa. Cerca de 300 multinacionais já deixaram a Rússia; Nike é a mais nova delas. **Veja.** 23 jun. 2022. Disponível em: https://veja.abril.com.br/economia/cerca-de-300-multinacionais-ja-deixaram-a-russia-nike-e-a-mais-nova-delas/. Acesso em: 12 maio 2023.

RICHTER, André. Moro pede desculpas ao STF por divulgar conversa de Lula e Dilma. **Agência Brasil.** 29 mar. 2023. Disponível em: https://agenciabrasil.ebc.com.br/politica/noticia/2016-03/moro-admite-ao-stf-equivoco-ao-divulgar-conversa-de-lula-e-dilma. Acesso em: 12 maio 2023.

SATIE, Anna; ALENCAR, Caíque. Moraes manda bloquear contas de 43 suspeitos de financiar atos golpistas. **UOL.** 17 nov. 2022. Disponível em: https://noticias.uol.com.br/politica/ultimas-noticias/2022/11/17/moraes-manda-bloquear-contas-de-43-suspeitos-de-financiar-atos-golpistas.htm. Acesso em: 12 maio 2023.

ZANIN MARTINS, Cristiano; ZANIN MARTINS, Valeska Teixeira. VALIM, Rafael. **Lawfare:** uma introdução. São Paulo: Editora Contracorrente, 2019.

DADOS PESSOAIS E PROPRIEDADE INTELECTUAL: CONVERSANDO SOBRE INOVAÇÃO

METAVERSO E A PUBLICIDADE COMPORTAMENTAL

13

Pietra Daneluzzi Quinelato[1]

Sempre que se populariza uma nova tecnologia, principalmente aquelas disruptivas, surgem questionamentos sobre o futuro da humanidade e seu comportamento diante dessa inovação. Com as televisões, foi questionado, por exemplo, se as pessoas perderiam a perspectiva e ficariam alienadas em seus sofás? Já com a Internet, teorias antiutópicas ganharam cena questionando o futuro da humanidade. A inteligência artificial trouxe discussões sobre o domínio dos robôs sobre os seres humanos.

Mas a tecnologia não para. Desde a mudança do nome do Facebook para Meta, acaloraram-se debates sobre o metaverso, levantando questões sobre uma realidade paralela e suas consequências em nossas vidas. E vale mencionar que o conceito não é novo: surgiu em 1992, na obra Snow Crash, quando o protagonista trabalhava em uma pizzaria e, no mundo virtual, era um príncipe samurai.

---

[1] Doutoranda em Direito Civil pela Universidade de São Paulo - USP (2022-25). Mestre (2019-21) e Bacharel em Direito pela Faculdade de Direito de Ribeirão Preto, USP (2013-2017). LLM em Direito e Prática Empresarial no CEU Law School (2021). Especialização em Direito Digital, ESA e EBRADI (2020-2021). Bolsa de mérito acadêmico na Université Lumière Lyon II - Droit des Affaires, na França (2016-2017). Coordenadora da área de Direito Digital do Mansur Murad Advogados. Corpo editorial e colunista do Magis Portal. Professora efetiva do curso de Direito das Faculdades Integradas Campos Salles. Professora convidada em outras instituições de ensino.

Nesse cenário, quando falamos de metaverso, não há como ignorar a massiva quantidade de dados pessoais lá tratados. Saímos de uma web não interativa, com conteúdo linear e estático, para um universo cujos pilares são a descentralização, o blockchain e a autonomia do usuário. É nesse contexto que o desenvolvimento da tecnologia permite o tratamento de alto volume de dados pessoais.

Assim, na convergência de mundos virtuais e reais, o metaverso se torna uma valiosa fonte de informações. Nessa nova realidade, os usuários participam de shows, eventos, reuniões, compras, conversas em que dados pessoais são tratados. Surgem espaços de convívio, criação, estudo e trabalho com potenciais imersivos muito maiores, inclusive por acessórios tecnológicos que permitem a utilização dos demais sentidos, além da audição e da visão.

Como exemplo, temos a ReSkin, que é roupa de plástico emborrachado simulando uma pele artificial, envolta por um campo magnético e sensores de toque, uma nova tecnologia desenvolvida pela startup japonesa Vaqso que permite o acoplamento de cartuchos aos óculos de VR para "farejar" aromas durante a experiência, sem falar nos próprios óculos de realidade aumentada da Meta (Quest), Ray-ban e Xiaomi.

E esses acessórios colaboram com a coleta massiva de dados pessoais, que não são apenas referentes a dados de navegação e cadastro, mas dados de reações involuntárias durante a utilização da plataforma (ex. entonação da voz, dilatação da pupila etc.).

Já sabemos que a publicidade comportamental, espécie da publicidade direcionada, utiliza dados pessoais para personalizar anúncios, produtos e serviços, voltando-se ao público-alvo. Ou seja, por meio do funcionamento complexo de algoritmos, essa prática permite que sejam analisados dados pessoais para inferir desejos, preferências e até mesmo preços que o usuário pagaria por um produto ou serviço.[2] Essa modalidade de publicidade desempenha um papel fundamental na lógica de consumo, criando tendências, opiniões, desejos e necessidades antes que muitas vezes eram inexistentes.

---

[2] Para mais informações sobre preços personalizados, recomendamos a leitura de QUINELATO, Pietra D. **Preços personalizados à luz da Lei Geral de Proteção de Dados.** Indaiatuba: Ed. Foco, 2022.

Com a maior quantidade de dados pessoais, os cuidados para que a prática seja considerada lícita devem ser ainda maiores. O tratamento de dados pessoais deve obedecer a alguns princípios trazidos pelas legislações sobre proteção de dados pessoais, notadamente a Lei Geral de Proteção de Dados Pessoais. Por exemplo, o titular dos dados tem o direito de saber quais das suas informações estão sendo utilizadas e qual a finalidade do tratamento, no mínimo, na Política de Privacidade em linguagem clara e coesa.

Também não deve haver discriminação ilícita ou abusiva após o tratamento de dados pessoais, relacionada principalmente com dados pessoais sensíveis, isto é, informações sobre raça e etnia, convicção religiosa, opinião política, filiação sindical, dados genéticos e biométricos, e informações referentes à saúde e vida sexual, entre outros dispostos no artigo 6º da referida LGPD.

Além disso, outro ponto de atenção é o tratamento de dados pessoais de crianças e adolescentes que são, atualmente, a maioria dos usuários nas plataformas de metaverso.

Portanto, com novas tecnologias, surgem oportunidades, mas responsabilidades. Não se trata de terra de ninguém. Os limites atuais e as disposições já existentes devem ser respeitados e aplicados também no metaverso.

REFERÊNCIAS

QUINELATO, Pietra D. **Preços personalizados à luz da Lei Geral de Proteção de Dados.** Indaiatuba: Ed. Foco, 2022.

DIREITO 4.0: FRONTEIRAS DIGITAIS

A NECESSIDADE DO ALARGAMENTO INFORMACIONAL NO MERCADO DE CONSUMO DE NFT

14

Clayton Douglas Pereira Guimarães[1]
Glayder Daywerth Pereira Guimarães[2]

1   CONSIDERAÇÕES INICIAIS

A sociedade contemporânea é resultado de múltiplas transformações culturais, políticas, sociais e econômicas, as quais possibilitam significativas modificações na vida de todos os indivíduos ao redor do mundo. Nesse sentido, os avanços tecnológicos computacionais e cibernéticos experienciados nas últimas décadas representam, tão somente, mais um passo no longo percurso histórico da humanidade.

As novas tecnologias computacionais e cibernéticas alteraram de modo definitivo a vida em sociedade, de modo que o surgimento e popularização da Internet, computadores, *smartphones* e demais

---

[1] Especialista em Ciências Jurídicas com ênfase em Direito Civil e Processo Civil pela Faculdade Arnaldo Janssen. Bacharel em Direito, na modalidade Integral, pela Escola Superior Dom Helder Câmara. Autor de artigos no âmbito do Direito Digital, Direito do Consumidor e Responsabilidade Civil. Copresidente da AGEJ - Associação Guimarães de Estudos Jurídicos. Diretor Geral e membro do Conselho Editorial do Portal Jurídico Magis. Advogado.
[2] Especialista em Direito Digital e Proteção de Dados pelo Centro Universitário - UniAmérica. Bacharel em Direito - modalidade Integral - pela Dom Helder Escola de Direito. Copresidente da AGEJ - Associação Guimarães de Estudos Jurídicos. Diretor Executivo, membro do Conselho Editorial e Colunista do Magis - Portal Jurídico. Membro do Conselho Editorial, membro do Conselho Executivo e membro do Conselho Parecerista da Revista de Direito Magis. Advogado.

tecnologias comunicacionais abriram margem para uma nova era de hiperconexão e hiperconsumo.

Nesse contexto, exsurge o NFT – *Non Fungible Token* –, uma nova espécie de bem digital com potencial disruptivo, de difícil compreensão para o público consumidor e que já nos primeiros anos de implementação levou uma série de pessoas à riqueza e à ruina financeira. Nesse ínterim, diante do potencial lesivo do NFT aos consumidores, demostra-se a imperiosa necessidade em se analisar de modo crítico e analítico essa nova espécie de *digital asset*.

2   MERCADO DE CONSUMO DIGITAL, HIPERCONEXÃO E HIPERCONSUMO

O mercado de consumo perpassou por múltiplas alterações nas últimas décadas, em especial, em decorrência do surgimento e popularização da Internet. Esse revolucionário universo digital abriu as portas do futuro para possibilidades nunca antes imaginadas.

Com o advento do surgimento das inovadoras tecnologias informacionais e comunicacionais, a sociedade sofreu significativas alterações, de modo que se constata o surgimento de uma sociedade em rede, a qual se evidencia pelo capitalismo informacional e pelo alto grau de conexão dos indivíduos.[3]

Contemporaneamente vivencia-se um fenômeno de hiperconexão,[4] sendo este um dos principais fatores que desencadearam mudanças significativas na sociedade a partir da incidência de seus efeitos direitos e indiretos, os quais afetaram decisivamente o modelo de sociedade de consumo.

---

[3] CASTELLS, Manuel. **The Information Age Economy, Society, and Culture.** Volume I - The rise of the network society. 2.ed. Oxford/West Sussex: Wiley-Blackwell, 2010; CASTELLS, Manuel. **The Information Age Economy, Society, and Culture.** Volume II - The Power of Identity. 2.ed. Oxford/West Sussex: Wiley-Blackwell, 2010; CASTELLS, Manuel. **The Information Age Economy, Society, and Culture.** Volume III - End of Millennium. 2.ed. Oxford/West Sussex: Wiley-Blackwell, 2010.

[4] LIPOVETSKY, Gilles. **A felicidade paradoxal: ensaio sobre a sociedade do hiperconsumo.** São Paulo: Companhia das Letras, 2007, p.14.

Destarte, com o advento desse novo paradigma tecnológico evidenciado no contexto da sociedade hiperconectada, a sociedade perpassa por uma metamorfose. O consumo de bens, outrora realizado com o intuito de facilitar algum aspecto da vida, hoje se dá pelo simples motivo da busca de satisfação. Nesse contexto, os bens passam a dominar o homem.[5]

Nesse cenário, segundo aponta Gilles Lipovetsky, o conceito de consumo passa a ser ressignificado, de modo que as marcas deixam de ser um nome e se transformam em um símbolo, conferindo um *status* ao consumidor e transfigurando-se um elemento que caracteriza o próprio sujeito na sociedade.[6]

Nesse complexo cenário da sociedade contemporânea, o homem só o é enquanto consome, e no contexto de uma sociedade de hiperconsumo hiperconectada, só o é enquanto consomem também em ambiente digital.

> Na sociedade de consumidores, ninguém pode se tornar sujeitos sem primeiro virar mercadoria, e ninguém pode manter segura sua subjetividade sem reanimar, ressuscitar e recarregar de maneira perpétua as capacidades esperadas e exigidas de uma mercadoria vendável. A "subjetividade" do "sujeito", e a maior parte daquilo que essa subjetividade possibilita ao sujeito atingir, concentra-se num esforço sem fim para ela própria se tornar, e permanecer, uma mercadoria vendável. A característica mais proeminente da sociedade de consumidores - ainda que cuidadosamente disfarçada e

---

[5] BAUDRILLARD, Jean. **Sociedade de consumo.** Lisboa: Relogio D'Agua, 2008; RETONDAR, Anderson Moebus. M. **Sociedade de consumo, modernidade e globalização.** São Paulo: Annablume; Campina Grande: EDUFCG, 2007, p.30.

[6] Segundo José Gaspar Nayme Novelli, "Em síntese, a busca de diferenciação – esta sim objeto maior do consumo – se baseia em símbolos, não nos bens em si e nos seus valores de uso e de necessidades específicas, mas na qualidade que personaliza o indivíduo por detrás do consumidor." (NOVELLI, José Gaspar Nayme. **Confiança Interpessoal na sociedade de Consumo: a Perspectiva Gerencial.** 2004. 242f. Tese (Doutorado em Administração) – Faculdade de Economia, Administração e Contabilidade. Universidade de São Paulo. São Paulo, São Paulo, 2004, p.50).

encoberta - é a *transformação dos consumidores em mercadorias.*[7]

O hiperconsumo conjugado à hiperconexão promoveu modificações substanciais na sociedade contemporânea. O consumo de bens e serviços não mais se limita ao espaço físico e material, de modo que mesmo em ambiente digital indivíduos adquirem bens e serviços incorpóreos e imateriais, os quais existem somente no mundo digital.

No contexto desse novo paradigma tecnológico e mercadológico, a vulnerabilidade dos consumidores se acentua, notadamente em função da patente *assimetria de informação* existente entre os contratantes nas relações de consumo em ambiente digital.[8]

Nessa linha de intelecção, a transparência e a confiança, em consonância com os preceitos e ditames norteadores da boa-fé objetiva,[9] se estabelecem como instrumentos jurídico-normativos primordiais na tutela do consumidor no contexto das relações jurídicas de consumo virtuais.

3   NFT E O MERCADO DE CONSUMO DIGITAL

No complexo cenário do mercado de consumo digital, não somente a forma em se adquirir bens e serviços se altera de modo significativo, mas também, os próprios bens e serviços se modificam, de modo que novas espécies e categorias são anunciados de modo contínuo por fornecedores. Nesse cenário são criados os bens digitais[10] – *digital assets*

---

[7] BAUMAN, Zygmunt. **Vida para consumo: a transformação das pessoas em mercadoria.** Rio de Janeiro: Zahar, 2008, p.20.

[8] MIRAGEM, Bruno. **Curso de direito do consumidor.** 6. ed. São Paulo: Thomson Reuters Brasil, 2019, p.252.

[9] OLIVEIRA, Júlio Moraes. **Curso de direito do consumidor completo.** 8.ed. Belo Horizonte: Editora D' Placido, 2022.

[10] "Bens digitais são bens imateriais representados por instruções codificadas e organizadas virtualmente com a utilização linguagem informática, armazenados em forma digital, seja no dispositivo do próprio usuário ou em servidores externos como no caso de armazenamento em nuvem, por exemplo, cuja interpretação e reprodução se opera por meio de dispositivos informáticos (computadores, tablets, smartphones dentre outros), que poderão estar ou não armazenado no dispositivo de seu próprio titular, ou transmitidos entre usuários

–, novos bens existentes somente no mundo digital que alteram toda a compreensão bens dos sistemas jurídicos ao redor do mundo.[11]

> Seria possível agora rascunhar um conceito do que se está a denominar de bens digitais. Estes seriam aqueles bens incorpóreos, os quais são progressivamente inseridos na Internet por um usuário, consistindo em informações de caráter pessoal que trazem alguma utilidade àquele, tenha ou não conteúdo econômico.[12]

Bens digitais são, portanto, bens imateriais, digitais, representações de um conjunto binário codificado por uma pessoa ou um grupo de pessoas que podem, ou não, possuir conteúdo econômico, mas que, de fato, possuem valoração para determinados indivíduos. Nesse sentido, pode-se traçar um paralelo entre bens colecionáveis e bens digitais, uma vez que em ambas as espécies um grupo de pessoa valora de modo significativo os bens, mas que, muitas vezes, o público em geral não considera tais bens passíveis de valoração.

Uma das principais espécies de bens digitais refere-se ao NFT – *Non Fungible Token* –.[13]

---

de um dispositivo para outro, acesso via download de servidores ou digitalmente na rede, e podem se apresentar ao usuário". (FACHIN, Zulmar Antônio; PINHEIRO, Valter Giuliano Mossini. **Bens digitais**: análise da possibilidade de tutela jurídica no Direito brasileiro. In: DIAS, Feliciano Alcides; TAVARES NETO, José Querino; ASSAFIM, João Marcelo de Lima (Coord.). Direito, inovação, propriedade intelectual e concorrência. Florianópolis: CONPEDI, 2018, p. 296).

[11] TEIXEIRA, Ana Carolina Brochado; KONDER, Carlos Nelson. O Enquadramento dos Bens Digitais sob o perfil funcional das situações jurídicas. In: TEIXEIRA, Ana Carolina Brochado; LEAL, Lívia Teixeira (Coords.). **Herança Digital: Controvérsias e Alternativas.** Indaiatuba: Foco, 2021. [E-book].

[12] ZAMPIER, Bruno. **Bens Digitais:** cybercultura, redes sociais, e-mails, músicas, livros, milhas áreas, moedas virtuais. 2. ed. Indaiatuba: São Paulo, 2021. [E-book]

[13] Para uma leitura aprofundada acerca da temática das NFTs no tocante à responsabilização dos fornecedores e a questão da responsabilidade civil recomenda-se a leitura de: GUIMARÃES, Clayton Douglas Pereira; SILVA, Michael César. Novas tecnologias, tokens não fungíveis (NFT) e direito do consumidor. **Revista Direitos Culturais**, v. 17, n. 43, p. 253-270, 15 dez. 2022.

> Para efeitos de definição, um *Non-Funglible Token* pode ser visto como uma unidade de informação digital (token) que é armazenada em um blockchain e não é intrinsecamente intercambiável com outros ativos digitais (infungíveis). O termo "fungível" deriva do aspecto econômico e literaturas contábeis, e é definido como qualquer coisa que seja intercambiável com um objeto idêntico ou semelhante. Formas tradicionais de moeda, sejam somas equivalentes de papel-moeda ou unidades idênticas de metais preciosos, são objetos fungíveis, e é isso que os ajuda para servir como meio de troca, porque eles são entendidos como sendo de valor igual. Pode-se substituir uma nota de cinco dólares por cinco notas de um dólar porque ambas são fungíveis.[14]

Os NFTs são representações digitais de ativos registrados em uma *blockchain*. Essa espécie de bem digital é infungível, de modo que cada NFT é único, possuindo um registro individualizado na *blockchain,* o qual garante sua autenticidade. Nesse sentido, a título de ilustração pode-se pensar que um registro de uma obra digital pode ser feito por NFT na blockchain. Nesse sentido, esse registro será único e ainda que outras pessoas copiem digitalmente a imagem em todos seus detalhes poder-se-á saber qual é a obra digital original por meio do NFT.

Os NFTs podem se apresentam de numerosos modos na contemporaneidade, todavia, destacam-se sobretudo nas áreas da arte, música, como ticket de acesso, como objetos dentro de jogos eletrônicos, resgatáveis por produtos físicos e até mesmo para a identificação de pessoas em cadastros eletrônicos.

---

[14] No original: *"For the purposes of definition, a non-fungible token can be seen as a unit of digital information (token) that is stored on a blockchain and is not inherently interchangeable with other digital assets (non-fungible). The term "fungible" derives from the economic and accounting literatures, and is defined as anything that is interchangeable with an identical or similar object. Traditional forms of currency, whether equivalent sums of paper money or identical units of precious metals, are fungible objects, and this is what helps them to serve as mediums of exchange, because they are understood to be of equal value. One can substitute a five-dollar bill with five one-dollar bills because both are fungible".* (CHOHAN, Usman W. Non-Fungible Tokens: Blockchains, Scarcity, and Value. **Critical Blockchain Research Initiative (CBRI) Working Papers**, 2021, p. 2-3. Disponível em: https://ssrn.com/abstract=3822743. Acesso em 10 ago. 2021).

Algumas das transações de maior repercussão envolvendo os NFTs a nível mundial são: a obra Everydays: the First 5000 Days, de autoria de Beeple, que foi vendida por US$ 69 milhões;[15] a coleção The Complete MF Collection contém 20 obras, de autoria de Beeple, que foi vendida por US$ 777.700;[16] e a obra The First Ever Edition of Rick And Morty Cryptoart, de autoria de Justin Roiland, cocriador da série "Rick & Morty", foi vendida por US$ 150.000.[17]

No Brasil, o caso mais emblemático envolvendo NFTs foi o lançamento da plataforma, 9Block, por parte da Play 9, agência de conteúdo do digital influencer Felipe Neto, com a proposta de comercialização de criptoartes, como uma coleção que custa R$ 100 e inclui um pacote de 250 cards, e 5 pacotes a serem desbloqueados cujo preço ainda não fora revelado.[18] Os cards vendidos na plataforma 9Block, todos com iconografia atrativa ao público infantil, chegam a custar até R$11.000.[19]

As NFTs, progressivamente, vem sendo mais utilizadas, de modo que um contingente maior de pessoas é exposto diariamente a essa nova espécie de produto. Há de se destacar que sua oferta no mercado digital não pode se dar de forma indiscriminada, nesse sentido, Clayton Douglas Pereira Guimarães e Michael César Silva sustentam que:

> Em atenção aos direitos do consumidor é imperioso o estabelecimento de algumas restrições quanto a oferta de *Non-*

---

[15] PAIVA, Iasmin; RIGA, Matheus. Os 10 NFTs mais caros da história. **Forbes.** 2021. Disponível em: https:// forbes.com.br/forbes-tech/2021/04/os-10-nfts-mais-caros-da-historia/#foto4. Acesso em: 11 ago. 2021.

[16] GUSSON, Cassio. Os dez NFTs mais caros do mundo. **Exame.** 2021. Disponível em: https://exame.com/ future-of-money/os-10-nfts-mais-caros-do-mundo/. Acesso em: 11 ago. 2021.

[17] RUBINSTEINN, Gabriel. Arte em blockchain do criador de 'Rick & Morty' é vendida por R$ 800 mil. **Exame.** 2021. Disponível em: https://exame.com/future-of-money/blockchain-e-dlts/arte-em-blockchain-do-criador-de-rick-morty-e-vendida-por-r-800-mil/. Acesso em: 11 ago. 2021.

[18] ANDRADE, Jenne. Felipe Neto entra no mercado de NFTs com plataforma 100% brasileira. **E-investidor.** 2021. Disponível em: https://einvestidor.estadao.com.br/investimentos/felipe-neto-plataforma-nfts. Acesso em: 11 ago. 2021.

[19] COLECIONÁVEIS. **9 Block.** 2021. Disponível em: https://9block.com.br/collections. Acesso em: 11 ago. 2021.

Funglible Token como a obrigatoriedade de disponibilização de informações claras e adequadas ao menos acerca: a) da natureza de um *Non-Funglible Token,* ou seja, um bem digital infungível; b) da quantidade de NFTs a serem emitidas; c) se o NFT é acompanhado ou não de um bem físico; d) se a oferta contempla os direitos autorais da arte ou apenas da representação digital; e) como os consumidores podem revender NFTs ou transferir o direito sobre eles.

Limitações quanto a oferta de *Non-Funglible Token* tem por finalidade evitar a ocorrência de danos, e por conseguinte, a imputação de responsabilização civil na função reparatória. O atendimento a função preventiva da responsabilidade civil, é imprescindível para evitar danos, e perpassa necessariamente pela observância do princípio da boa-fé objetiva e dos subprincípios da informação e transparência. E em considerando que se trata de uma nova tecnologia, desconhecida pelo público em geral, não basta apensas informar, há um alargamento do dever informacional, ante a patente vulnerabilidade técnica do consumidor. [20]

Os autores elencam fatores objetivos necessários de atenção por parte dos fornecedores para que possam ofertar NFTs no mercado de consumo virtual. Garantindo-se, em maior grau, a tutela do consumidor vulnerável diante da oferta desse novo produto digital que gera controversas por todo o mundo.

Constata-se, portanto que à luz dos princípios norteadores do Código de defesa do Consumidor,[21] notadamente a boa-fé objetiva, a informação e transparência são alçados a um novo patamar no que se refere à oferta de NFTs.

Nesse cenário, a informação é, indubitavelmente, o princípio norteador das relações de consumo que envolvem NFTs, isso pois, o fornecedor dessa nova espécie de produto deverá prestar informações claras e suficientes aos consumidores, de modo que possam adquirir seus NFTs sem incorrer em nenhum tipo de vício no negócio jurídico. Complementarmente, a prestações das informações nos moldes

---

[20] GUIMARÃES, Clayton Douglas Pereira; SILVA, Michael César. Novas tecnologias, tokens não fungíveis (NFT) e direito do consumidor. **Revista Direitos Culturais**, v. 17, n. 43, p. 253-270, 15 dez. 2022.

[21] BRASIL. Lei 8.078. **Código de Defesa do Consumidor**, 1990. Disponível em: http://www.planalto.gov.br/ ccivil_03/leis/l8078.htm. Acesso em: 11 ago. 2021.

retromencionados garantirão que o fornecedor não incorra em prática abusiva no mercado de consumo.

Por fim, destaca-se que caso o fornecedor falhe em prestar informações ao consumidor de modo claro e ostensivo, deixando dúvidas a respeito da natureza da NFT ou de suas características específicas, poderá ser imputada responsabilidade a esse fornecedor em razão da oferta de produtos de forma desarmônica com os preceitos e normas estabelecidas no CDC, bem como eventual reparação de danos ao consumidor.

4   CONSIDERAÇÕES FINAIS

A sociedade contemporânea é plasmada por múltiplos fatores que aumentam de modo significativo e decisivo a complexidade das relações firmadas entre indivíduos. Nesse ínterim o consumo de bens e serviços sofreu inúmeras modificações, de modo que se verifica o surgimento de um novo mercado de consumo digital.

No cenário posto, diante do amalgama da hiperconexão e do hiperconsumo verificados na sociedade contemporânea, as pessoas, de modo geral, encontram-se expostas a toda uma nova contingência de danos e de riscos de danos. Os quais, de modo imprescindível, demandam um alargamento do dever informacional de modo a promover o (re)equilíbrio das relações de consumo firmadas entre consumidores e fornecedores.

Esse novo mercado de consumo digital propiciou o surgimento de novos produtos e serviços, agora disponibilizados não apenas no mundo físico, de forma corpórea e material, mas no mundo digital, de forma incorpórea e imaterial.

Um dos mais recentes produtos disponibilizados no mercado de consumo digital refere-se ao NFT – *Non Fungible Token* – ou tokens não fungíveis, os quais são representações digitais de ativos registrados em uma blockchain.

Ante o surgimento desse novo tipo de bem digital, os fornecedores vislumbraram uma nova possibilidade de obtenção de lucro mediante a oferta de NFTs no mercado de consumo. As experiencias ao redor do mundo com os *Non Fungible Tokens* ainda se demonstram incipientes de modo que carecem de atenção e, possivelmente, de uma regulamentação de modo a não lesar os consumidores.

No contexto do direito brasileiro, ante as normas protetivas elencadas pelo CDC, verifica a imperiosa e necessária observância aos preceitos norteadores da *boa-fé objetiva, transparência* e informação, com vistas a promover o (re)equilíbrio das relações e consumo e minimizar a vulnerabilidade informacional do consumidor em relação a esse novo produto.

REFERÊNCIAS

ANDRADE, Jenne. Felipe Neto entra no mercado de NFTs com plataforma 100% brasileira. **E-investidor.** 2021. Disponível em: https://einvestidor.estadao.com.br/investimentos/felipe-neto-plataforma-nfts. Acesso em: 11 ago. 2021.

BAUDRILLARD, Jean. **Sociedade de consumo.** Lisboa: Relogio D'Agua, 2008.

BAUMAN, Zygmunt. **Vida para consumo: a transformação das pessoas em mercadoria.** Rio de Janeiro: Zahar, 2008, p.20.

BRASIL. Lei 8.078. **Código de Defesa do Consumidor,** 1990. Disponível em: http://www.planalto.gov.br/ ccivil_03/leis/l8078.htm. Acesso em: 11 ago. 2021.

CASTELLS, Manuel. **The Information Age Economy, Society, and Culture.** Volume I - The rise of the network society. 2.ed. Oxford/West Sussex: Wiley-Blackwell, 2010.

CASTELLS, Manuel. **The Information Age Economy, Society, and Culture.** Volume II - The Power of Identity. 2.ed. Oxford/West Sussex: Wiley-Blackwell, 2010.

CASTELLS, Manuel. **The Information Age Economy, Society, and Culture.** Volume III - End of Millennium. 2.ed. Oxford/West Sussex: Wiley-Blackwell, 2010.

CHOHAN, Usman W. Non-Fungible Tokens: Blockchains, Scarcity, and Value. **Critical Blockchain Research Initiative (CBRI) Working**

Papers, 2021, p. 2-3. Disponível em: https://ssrn.com/ abstract=3822743. Acesso em 10 ago. 2021.

COLECIONÁVEIS. **9 Block.** 2021. Disponível em: https://9block.com.br/collections. Acesso em: 11 ago. 2021.

FACHIN, Zulmar Antônio; PINHEIRO, Valter Giuliano Mossini. **Bens digitais**: análise da possibilidade de tutela jurídica no Direito brasileiro. In: DIAS, Feliciano Alcides; TAVARES NETO, José Querino; ASSAFIM, João Marcelo de Lima (Coord.). Direito, inovação, propriedade intelectual e concorrência. Florianópolis: CONPEDI, 2018.

GUIMARÃES, Clayton Douglas Pereira; SILVA, Michael César. Novas tecnologias, tokens não fungíveis (NFT) e direito do consumidor. **Revista Direitos Culturais**, v. 17, n. 43, p. 253-270, 15 dez. 2022.

GUSSON, Cassio. Os dez NFTs mais caros do mundo. **Exame.** 2021. Disponível em: https://exame.com/ future-of-money/os-10-nfts-mais-caros-do-mundo/. Acesso em: 11 ago. 2021.

LIPOVETSKY, Gilles. **A felicidade paradoxal: ensaio sobre a sociedade do hiperconsumo.** São Paulo: Companhia das Letras, 2007.

MIRAGEM, Bruno. **Curso de direito do consumidor.** 6. ed. São Paulo: Thomson Reuters Brasil, 2019.

NOVELLI, José Gaspar Nayme. **Confiança Interpessoal na sociedade de Consumo: a Perspectiva Gerencial.** 2004. 242f. Tese (Doutorado em Administração) – Faculdade de Economia, Administração e Contabilidade. Universidade de São Paulo. São Paulo, São Paulo, 2004.

OLIVEIRA, Júlio Moraes. **Curso de direito do consumidor completo.** 8.ed. Belo Horizonte: Editora D' Placido, 2022.

PAIVA, Iasmin; RIGA, Matheus. Os 10 NFTs mais caros da história. **Forbes.** 2021. Disponível em: https:// forbes.com.br/forbes-tech/2021/04/os-10-nfts-mais-caros-da-historia/#foto4. Acesso em: 11 ago. 2021.

RETONDAR, Anderson Moebus. M. **Sociedade de consumo, modernidade e globalização.** São Paulo: Annablume; Campina Grande: EDUFCG, 2007.

RUBINSTEINN, Gabriel. Arte em blockchain do criador de 'Rick & Morty' é vendida por R$ 800 mil. **Exame.** 2021. Disponível em: https://exame.com/future-of-money/blockchain-e-dlts/arte-em-blockchain-do-criador-de-rick-morty-e-vendida-por-r-800-mil/. Acesso em: 11 ago. 2021.

TEIXEIRA, Ana Carolina Brochado; KONDER, Carlos Nelson. O Enquadramento dos Bens Digitais sob o perfil funcional das situações jurídicas. In: TEIXEIRA, Ana Carolina Brochado; LEAL, Lívia Teixeira (Coords.). **Herança Digital: Controvérsias e Alternativas.** Indaiatuba: Foco, 2021. [E-book].

ZAMPIER, Bruno. **Bens Digitais:** cybercultura, redes sociais, e-mails, músicas, livros, milhas áreas, moedas virtuais. 2. ed. Indaiatuba: São Paulo, 2021. [E-book]

DESCOMPLICANDO O DIREITO CIVIL E DO CONSUMIDOR

A PRÁTICA ABUSIVA DE OMITIR O PREÇO DOS PRODUTOS NA OFERTA E PUBLICIDADE NAS REDES SOCIAIS

15

Júlio Moraes Oliveira[1]

[1] Mestre em Instituições Sociais, Direito e Democracia pela Universidade FUMEC (2011), Especialista em Advocacia Civil pela Escola de Pós-Graduação em Economia e Escola Brasileira de Administração Pública e de Empresas da Fundação Getúlio Vargas EPGE/FGV e EBAPE/FGV. (2007), Bacharel em Direito pela Faculdade de Direito Milton Campos - FDMC (2005). Membro da Comissão de Defesa do Consumidor - Seção Minas Gerais - OAB/MG, desde 2013. Membro do Instituto Brasileiro de Política e Direito do Consumidor (BRASILCON). Membro Suplente do Conselho Municipal de Proteção e Defesa do Consumidor - Comdecon-BH. Membro do Instituto Defesa Coletiva. Membro do Instituto Brasileiro de Estudos de Responsabilidade Civil - IBERC. Colunista do Magis Portal Jurídico. É Professor da FAPAM - Faculdade de Pará de Minas. Professor da Faculdade Asa de Brumadinho. Professor do Curso preparatório para a OAB Premium Educacional. Professor de Cursos on-line no CEI Acadêmico. Professor de Pós-Graduação na Escola Mineira de Direito - EMD. Foi Professor do Centro Universitário Newton Paiva. Professor orientador e Advogado do Centro Universitário Newton Paiva no CEJU - Centro de Exercício Jurídico. Parecerista da Revista da Faculdade de Direito do Sul de Minas (FDSM) Qualis B1, Parecerista da Revista Quaestio Iuris da Universidade do Estado Rio de Janeiro (UERJ) Qualis A2. Parecerista da Revista de Direito da Cidade (UERJ) Qualis A1. Parecerista da Revista de Direito da Universidade Federal do Rio Grande do Sul (UFRGS) Qualis B1. Pesquisador com diversos artigos publicados em periódicos. Ganhador do prêmio Ada Pellegrini Grinover -Categoria obra coletiva no XVI Congresso de Direito do Consumidor Brasilcon. Autor dos Livros: CURSO DE DIREITO DO CONSUMIDOR COMPLETO, 8ª edição 2022 - Editora D´Plácido, Direito do Consumidor Contemporâneo (Organizador e autor) 2019 - Editora D´Plácido - CONSUMIDOR-EMPRESÁRIO: a defesa do finalismo mitigado 2ª edição - Editora D´Plácido. Coautor do livro COMENTARIOS AL CÓDIGO DE PROTTECIÓN Y DEFENSA DEL CONSUMIDOR, do Peru, organizado por César Carranza

1   CONSIDERAÇÕES INICIAIS

O Código de Defesa do Consumidor veio trazer um novo parâmetro de condutas para os agentes do mercado de consumo. Desde a sua entrada em vigor, há 31 anos, fornecedores e consumidores têm aprendido a conviver com esse importante instrumento de democracia. Todavia, quando entrou em vigor, o mercado de consumo era bem diferente do que é hoje, e, principalmente depois da Pandemia de Covid-19. [2]

O comércio eletrônico ganhou um impulso muito grande nos últimos meses em razão das pessoas estarem em casa, realizando o distanciamento social. Vários comércios foram fechados, podendo vender seus produtos somente pela internet. Diante dessa nova situação, uma prática tornou-se muito comum no anúncio de produtos e serviços nas redes sociais. Os fornecedores passaram a fazer anúncios nas principais redes sociais, mas muitas vezes, escondiam o preço dos produtos, só os concedendo a quem os solicitasse "*inbox*" ou pelo "*direct*", que são formas privadas de conversa. Essa forma de anúncio é permitida pelo Código de Defesa do Consumidor? O que diz a lei sobre tal prática?

2   O   DIREITO   À   INFORMAÇÃO,   A   OFERTA   E PUBLICIDADE NO DIREITO DO CONSUMIDOR

O direito à informação é um direito básico do consumidor previsto no art. 6º, III, do Código de Defesa do Consumidor. Dispõe o inciso III do citado artigo que é direito básico do consumidor a informação adequada e clara sobre os diferentes produtos e serviços, com especificação correta de quantidade, características, composição, qualidade, tributos incidentes e preço, bem como sobre os riscos que

---

Àlvarez e Olga Alejandra Alcântara Francia. Coorganizador e autor do livro O DIREITO DO CONSUMIDOR NA VISÃO DO TRIBUNAL DE JUSTIÇA DE MINAS GERAIS - Editora Lumen Juris. Advogado, com experiência em contencioso e consultivo, em direito civil, consumidor, empresarial e trabalhista.

[2] OLIVEIRA, Júlio Moraes. **O CDC e a informação sobre os preços dos produtos nas redes sociais.** Disponível em: https://www.conjur.com.br/2020-nov-22/opiniao-cdc-informacao-preco-redes-sociais. Acesso em: 15.03.2021.

apresentem. O direito à informação no âmbito do direito do consumidor é direito de prestação positiva oponível a todo aquele que fornece produtos e serviços no mercado de consumo. [3]

O art. 6º, III, teve sua redação alterada recentemente pela Lei nº 12.741 de 08 de dezembro de 2012, que determina que, em todo o território nacional, deverá constar, dos documentos fiscais ou equivalentes, a informação do valor aproximado correspondente à totalidade dos tributos federais, estaduais e municipais, cuja incidência influi na formação dos respectivos preços de venda. Entre esses tributos, estão: o ICMS, o ISS, o IPI, o IOF, o Pis/Pasep, a Cofins e a Cide.

No sistema brasileiro, a oferta sempre foi encarada como a declaração inicial de vontade destinada à concretização de um contrato. Como o contrato é um acordo de vontades, é necessário que um dos contraentes tome a iniciativa de propor o negócio, dando ensejo à formação do contrato que dependerá da aceitação do outro contratante. O emitente da vontade é denominado proponente ou solicitante e aquele que a recebe é denominado de aceitante ou oblato.

A oferta clássica exige para sua validade, uma série de requisitos. Deve ser delimitar a coisa oferecida e seu preço, deve ser dirigida a pessoa específica e por fim, tem que ser firme. Ausentes esses requisitos, verdadeira oferta inexiste, caracterizando-se mero convite a fazer a oferta. [4]

Essa formulação tradicional da oferta não se adapta à realidade da sociedade de consumo, alicerçada no anonimato dos sujeitos e na utilização maciça do *marketing* como técnica de mitigação dos seus efeitos. Não se deve interpretar o vocábulo oferta no CDC em seu sentido clássico, o fenômeno é visto pelo prisma da realidade massificada na sociedade de consumo em que as ofertas não são individualizadas ou cristalinas. A oferta, em tal acepção, é sinônimo de marketing, significando todos os métodos, técnicas e instrumentos que aproximam o

---

[3] OLIVEIRA, Júlio Moraes. **Curso de Direito do Consumidor Completo.** 7 ed. Belo Horizonte: D'Plácido Editora. 2021. p. 107.
[4] GRINOVER, Ada Pelegrini et al. **Código de Defesa do Consumidor,** Comentado pelos Autores do anteprojeto. 7. ed. São Paulo: Forense Universitária. p. 229.

consumidor dos produtos e serviços colocados à sua disposição no mercado de consumo.[5]

O Decreto nº 5.903/2006 que regulamenta o CDC e a Lei nº 10.962/2004 define aspectos sobre a oferta e as formas de afixação de preços e de produtos para o consumidor. O art. 2º dispõe que "Os preços de produtos e serviços deverão ser informados adequadamente, de modo a garantir ao consumidor a correção, clareza, precisão, ostensividade e legibilidade das informações prestadas."

Já a publicidade, sem sombras de dúvidas exerce um papel extremamente relevante no mercado de consumo atualmente, e em função desse papel, o legislador sentiu a necessidade de regula-la. No Brasil, a liberdade de realizar uma publicidade encontra amparo Constitucional nos arts. 170, *caput* e parágrafo único da Constituição, como atividade econômica regulada pela livre iniciativa, art. 170, IV, pela livre concorrência e pelo princípio da liberdade de expressão previsto nos arts. 5º, IX e 220 da CF. A proteção constitucional da publicidade pode ser vista a partir da proteção à liberdade de expressão, uma vez que, em certa medida, as peças publicitárias consistem em manifestações criativas do intelecto humano.

O art. 30 do CDC estabelece que "toda informação ou publicidade, suficientemente precisa, veiculada por qualquer forma ou meio de comunicação com relação a produtos e serviços oferecidos ou apresentados, obriga o fornecedor que a fizer veicular ou dela se utilizar e integra o contrato que vier a ser celebrado."

Dois são os elementos principais em uma publicidade: a difusão e a informação. O primeiro é o elemento material, seu meio de expressão, e o segundo, é seu elemento finalístico.[6]

Segundo Antônio Herman V. Benjamim o conceito de publicidade é bastante difícil de ser definido. Seguindo a definição do *American Association of Advertising Agencies* (AAAA) a publicidade seria "qualquer forma paga de apresentação impessoal e promoção tanto de ideias, como de bens ou serviços, por um patrocinador identificado."[7]

---

[5] GRINOVER, Ada Pelegrini et al. Op. cit. p. 230.
[6] OLIVEIRA, Júlio Moraes. Op. Cit. 306.
[7] BENJAMIN, Antônio Herman V., MARQUES, Claudia Lima, BESSA, Leonardo Roscoe, **Manual de Direito do Consumidor**. p. 253.

Já Lúcia Ancona Lopez de Magalhães Dias, explica que a palavra publicidade está ligada ao termo latim *publicus*, sentido de propagação geral, como levar a todos. Afirma a autora, que a publicidade pode ser definida como meio de divulgação de produtos e serviços com a finalidade de incentivar seu consumo[8]

A oferta ou publicidade no CDC também é irretratável, sendo juridicamente irrelevante qualquer atuação posterior do policitante publicitário para limitar ou reorganizar aquilo que foi veiculado. Uma vez que ela tenha atingido o consumidor, passa a ser irretratável, pois cria no consumidor uma expectativa legítima.

O art. 31 do CDC estabelece que "a oferta e apresentação de produtos ou serviços devem assegurar informações corretas, claras, precisas, ostensivas e em língua portuguesa sobre suas características, qualidades, quantidade, composição, preço, garantia, prazos de validade e origem, entre outros dados, bem como sobre os riscos que apresentam à saúde e segurança dos consumidores." A doutrina afirma que o art. 31 do CDC reflete o princípio da veracidade. Várias legislações consagram o referido princípio como um dos principais para o controle da publicidade. Nesse sentido, a Diretiva 2006/114/CEE, o *Codice Del consumo*, da Itália (D. Leg. 206/2005) em seu art. 9, alínea 2, em Portugal, no artigo 10º do Código de Publicidade (Decreto Lei n. 330/90). No Código de Defesa do Consumidor, referências ao princípio da veracidade estão nos arts. 6º, III e IV, 31 e 37, §§ 1º e 3º. Cabe ressaltar que as características da oferta previstas no referido artigo são enumerativas, cabe ao fornecedor informar outros dados que entenda pertinentes.

Dentre os princípios mais importantes da publicidade no Brasil, pode-se apontar o princípio da vinculação da oferta. Tal princípio expresso no art. 30 do referido código, apesar de inserido na seção sobre a oferta, aplica-se igualmente a publicidade, abrangendo todas as formas de manifestação de marketing. A vinculação tem dois efeitos principais: obriga o fornecedor a contratar aquilo que foi ofertado ou anunciado; e integra o contrato para os todos fins. Mesmo que o fornecedor veicule

---

[8] DIAS, Lucia Ancona Lopez de Magalhães. **Publicidade e direito.** 3 ed. São Paulo. Saraiva, 2018, p. 26.

uma informação a latere do anúncio, essa informação vinculará da mesma forma.

A informação só obrigará o fornecedor se a mesma chegar ao conhecimento do consumidor e se for suficientemente precisa. É o que está disposto no art. 31 ao estabelecer que "a oferta e apresentação de produtos ou serviços devem assegurar informações corretas, claras, precisas, ostensivas e em língua portuguesa sobre suas características, qualidades, quantidade, composição, preço, garantia, prazos de validade e origem, entre outros dados, bem como sobre os riscos que apresentam à saúde e segurança dos consumidores."

O art. 35 do CDC coloca à disposição do consumidor as seguintes opções: "Se o fornecedor de produtos ou serviços recusar cumprimento à oferta, apresentação ou publicidade, o consumidor poderá, alternativamente e à sua livre escolha: I - exigir o cumprimento forçado da obrigação, nos termos da oferta, apresentação ou publicidade; II - aceitar outro produto ou prestação de serviço equivalente; III - rescindir o contrato, com direito à restituição de quantia eventualmente antecipada, monetariamente atualizada, e a perdas e danos."

A doutrina também aponta o princípio da lealdade publicitária que coíbe os abusos praticados no mercado de consumo, inclusive a concorrência desleal e a utilização indevida de inventos e criações industriais das marcas, nomes comerciais e signos distintivos que possam causar prejuízos aos consumidores, art. 4º, VI do CDC.

A publicidade no direito brasileiro deve ser identificada. O legislador não aceitou a veiculação de publicidade clandestina nem subliminar. Tal aspecto está atinente ao princípio da identificação da publicidade previsto no caput do art. 36 do CDC que assim disciplina: "A publicidade deve ser veiculada de tal forma que o consumidor, fácil e imediatamente, a identifique como tal." O dispositivo brasileiro foi inspirado no art. 46 do então *Projet de Code de La Consommation* ao dispor que *"La publicité doit pouvir être nettment et instantanément distingueé comme telle."*

A publicidade só é lícita se o consumidor puder identificá-la de forma imediata e facilmente, assim também preceitua o art. 28 do Código Brasileiro de Autorregulamentação Publicitária ao expor que "o anúncio deve ser claramente distinguido como tal, seja qual for a sua forma ou meio de veiculação." O Código Brasileiro de Autorregulamentação Publicitária consagra o referido princípio no art. 28, ao dispor que "o anúncio deve ser claramente distinguido como tal, seja qual for a sua forma ou meio de veiculação."

Diante, dessas afirmações pergunta-se: É prática abusiva não fornecer o preço dos produtos ou serviços para o consumidor na oferta ou publicidade na internet? O preço *inbox* ou *direct* ou no privado é prática abusiva? São essas perguntas que o presente estudo pretende responder.

3 A OMISSÃO DOS PREÇOS DOS PRODUTOS E SERVIÇOS NA OFERTA OU PUBLICIDADE NAS REDES SOCIAIS

De início é importante salientar que o direito à informação é um direito básico de todo consumidor, previsto no art. 6º, III, que disciplina ser direito do consumidor a informação adequada e clara sobre os diferentes produtos e serviços, com especificação correta de quantidade, características, composição, qualidade, tributos incidentes e preço, bem como sobre os riscos que apresentem, conforme já afirmado anteriormente. Percebe-se que o preço é um aspecto importante da informação dos produtos e serviços.

Além disso, o art. 30 do CDC que trata da oferta e apresentação dos produtos e serviços determina que essa mesma oferta e apresentação de produtos ou serviços devem assegurar informações corretas, claras, precisas, ostensivas e em língua portuguesa sobre suas características, qualidades, quantidade, composição, preço, garantia, prazos de validade e origem, entre outros dados, bem como sobre os riscos que apresentam à saúde e segurança dos consumidores. O dispositivo é claro quanto à ostensividade de todas as informações, inclusive o preço, que é uma das principais informações de um produto. As lojas físicas são multadas quando o preço dos produtos não é claro e ostensivo aos consumidores em suas vitrines e gôndolas. O mesmo deve se dar para a publicidade nas redes sociais.

O art. 2º, do Decreto n. 7.962/13, expressa que os sítios eletrônicos ou demais meios eletrônicos utilizados para oferta ou conclusão de contrato de consumo devem disponibilizar, em local de destaque e de fácil visualização, as seguintes informações: IV - discriminação, no preço, de quaisquer despesas adicionais ou acessórias, tais como as de entrega ou seguros. Tal determinação também está disposta na Lei n. 10.962/2004, que dispõe sobre a oferta e as formas de afixação de preços de produtos e serviços para o consumidor. O seu art. 2º, I, deixa claro que no comércio eletrônico, a divulgação deve ser ostensiva do preço à vista, junto à imagem do produto ou descrição do serviço, em caracteres facilmente legíveis com tamanho de fonte não inferior a doze.

Ademais, o art. 66 da Lei n. 8.078/90, prevê como crime de consumo fazer afirmação falsa ou enganosa, ou omitir informação relevante sobre a natureza, característica, qualidade, quantidade, segurança, desempenho, durabilidade, preço ou garantia de produtos ou serviços, com pena de detenção de três meses a um ano e multa.

Diante desses argumentos, percebe-se claramente que tal prática é abusiva e viola explicitamente direitos básicos e fundamentais dos consumidores desses produtos, já que a informação é direito básico do consumidor. [9]

Além disso, evita-se um possível comportamento discriminatório dos fornecedores que podem oferecer produtos com preços diferenciados para consumidores diferentes, é o que tem de denominado de *geopricing* (alteração do preço de um produto ou serviço de acordo com a localização geográfica do consumidor) e *geoblocking* (a não oferta daquele produto ao consumidor em função da sua localidade).

Informar o preço ao consumidor de maneira clara e ostensiva coaduna-se com o princípio da transparência que está expresso no art. 4º, *caput*, da Lei nº 8.078/90.

Transparência significa informação clara, correta e precisa acerca dos produtos e serviços como, por exemplo: a informação acerca da quantidade exata, características, composição, tributos incidentes, preços, formas de pagamento e também sobre os riscos que os mesmos apresentam. O consumidor passou a ser titular de um direito subjetivo à informação, e, por outro lado, o fornecedor passou a ter o dever de

---

[9]OLIVEIRA, Júlio Moraes. **O CDC e a informação sobre os preços dos produtos nas redes sociais.** Disponível em: https://www.conjur.com.br/2020-nov-22/opiniao-cdc-informacao-preco-redes-sociais. Acesso em: 15.03.2021.

informar de forma clara e precisa acerca de todas as características dos produtos ou serviços, art. 6º, III e 46 do CDC. [10]

4   CONSIDERAÇÕES FINAIS

Conclui-se que a prática corriqueira nas redes sociais em esconder as informações sobre o preço dos produtos e serviços é uma prática ilegal em desacordo com as normas do direito do consumidor.

A informação clara e precisa sobre as diferentes características dos produtos e serviços é direito básico do consumidor para que ele possa exercer o seu direito de escolha. O princípio da transparência exige dos fornecedores um tratamento igualitário entre os consumidores, sem qualquer espécie de discriminação entre eles e para que isso aconteça, os preços devem ser disponibilizados e publicizados para que todos tenham o conhecimento acerca da oferta ou publicidade.

O preço é um dos aspectos mais importantes na decisão da compra e fator definitivo na escolha do produto ou serviço, desse modo sua apresentação deve-se dar da forma mais clara e transparente possível, para isso o mesmo não pode ficar escondido ou ser oferecido quando solicitado.

REFERÊNCIAS

BENJAMIN, Antônio Herman V.; MARQUES, Claudia Lima; BESSA, Leonardo Roscoe. **Manual de Direito do Consumidor.** 5. ed. Revista, Atualizada e ampliada. São Paulo: Revista dos Tribunais, 2013.

DIAS, Lucia Ancona Lopez de Magalhães. **Publicidade e direito.** 3 ed. São Paulo. Saraiva, 2018.

GRINOVER, Ada Pelegrini et al. **Código de Defesa do Consumidor,** Comentado pelos Autores do anteprojeto. 9. ed. São Paulo: Forense Universitária, 2007.

---

[10] OLIVEIRA, Júlio Moraes. **Curso de Direito do Consumidor completo.** 6 ed. Belo Horizonte: D'Plácido Editora, 2020, p. 143.

OLIVEIRA, Júlio Moraes. **Curso de Direito do Consumidor Completo.** 8 ed. Belo Horizonte: Editora D'Plácido, 2022.

OLIVEIRA, Júlio Moraes. **O CDC e a informação sobre os preços dos produtos nas redes sociais.** Disponível em: https://www.conjur.com.br/2020-nov-22/opiniao-cdc-informacao-preco-redes-sociais. Acesso em: 15.03.2021.

A TECNOLOGIA SUPERANDO O PROCESSO?
A AUTOEXECUÇÃO DOS SMART CONTRACTS

16

Afonso Vinício Kirschner Fröhlich[1]
Éverton Luís Marcolan Zandoná[2]

O Direito, cada vez mais frequentemente, é obrigado a lidar com uma dicotomia que coloca de um lado antigas e tradicionais instituições e, de outro, novas e revolucionárias tecnologias. É o caso, por exemplo, da relação entre fundamentação das decisões judiciais (garantia processual cuja origem remonta, pelo menos, as Ordenações Filipinas, promulgadas em 1603[3]) e as possibilidades da Inteligência Artificial

---

[1] Mestre em Direito Público pela Universidade do Vale do Rio dos Sinos (UNISINOS). Bacharel em Direito pela mesma Universidade. Especialista em Direito e Negócios Imobiliários pela FMP. Membro do Instituto Brasileiro de Direito Processual (IBDP). Pesquisador dos Grupos de Pesquisa "Teoria Crítica do Processo: perspectivas hodiernas do Processo Civil em relação à Constituição, cultura, democracia, inteligência artificial e Poder", coordenado pelo Prof. Dr. Darci Guimarães Ribeiro; e JUSNANO, coordenado pelo Prof. Dr. Wilson Engelmann, ambos vinculado ao Programa de Pós Graduação em Direito da UNISINOS. Advogado sócio do Escritório de Advocacia Afonso Fröhlich Advogados Associados. E-mail: afonsovinicio@afrohlich.adv.br e afonsovkf@gmail.com.
[2] Mestrando em Direito Público pela Universidade do Vale do Rio dos Sinos – UNISINOS (Bolsa PROEX/CAPES). Membro da Escola de Processo UNISINOS e do Instituto von Bülow. Integrante do Grupo de Pesquisa "Teoria Crítica do Processo" (CNPq), coordenado pelo Prof. Dr. Darci Guimarães Ribeiro. Advogado. E-mail: evertonz21@hotmail.com.
[3] SILVA, Beclaute Oliveira. Contornos da fundamentação no CPC brasileiro de 2015. **Revista Jurídica Luso-Brasileira**, Lisboa, v. 1, n. 1, p. 319-339, jan. 2019. Disponível em: https://www.cidp.pt/publicacao/revista-juridica-lusobrasileira-ano-5-2019-n-1/186. Acesso em: 8 maio 2023.

(nova tecnologia que vem influenciando o processo judicial principalmente nos últimos cinco anos)[4].

Outro tema que coloca novamente em discussão essa dicotomia é o dos contratos inteligentes, ou *smart contracts*. Se, por um lado, o contrato (seja qual for o seu nível de complexidade) tem origens milenares, os contratos adjetivados como inteligentes despontaram principalmente nos últimos anos. E as perspectivas mostram que muito se tem a evoluir com relação a temática.

Trata-se de tema que já vem batendo as portas do mundo jurídico. No início de 2023, circulou notícia com a seguinte chamada: "Não pagou as parcelas? Carro poderá voltar sozinho para a montadora"[5]. Com o desconto do sensacionalismo, a referida reportagem relatou, em resumo, que a empresa Ford "patenteou um sistema capaz de reaver a posse de um veículo caso seu proprietário não pague as parcelas do financiamento", destacando que "Com a tecnologia, a fabricante pode fazer com que o carro ande sozinho até um guincho para ser removido, ou mesmo seja devolvido à montadora". No fundo, a tecnologia desenvolvida funciona com base em *smart contract*.

O objetivo fundamental do novo modelo contratual é fazer com que a obrigação pactuada entre as partes, seja dar, fazer ou não fazer, transporte-se para algoritmos, no intuito de facilitar e tornar mais célere a parte registral, de monitoramento e a própria execução das disposições pactuadas, além de dificultar, ou então impossibilitar, o descumprimento de alguma condição. Inicialmente, a modalidade contratual foi utilizada em operações financeiras através de criptoativos.

Essa realidade, agora vinculada ao cumprimento (e descumprimento) de obrigações implementadas em meio físico, certamente trará impactos ao processo judicial, especialmente no âmbito

---

[4] Sobre esse tema, ver FRÖHLICH, Afonso Vinício Kirschner. **Fundamentação das decisões judiciais e inteligência artificial**: uma ressignificação ao direito processual atual e futuro. Londrina: Editora Thoth, 2023.

[5] LAMIN, Jonathan. Não pagou as parcelas? Carro poderá voltar sozinho para a montadora. In Techtudo [S.l], 7 mar. 2023. Disponível em: https://www.techtudo.com.br/noticias/2023/03/nao-pagou-as-parcelas-carro-podera-voltar-sozinho-para-a-montadora-edinfoeletro.ghtml#:~:text=A%20Ford%20patenteou%20um%20sistema,mesmo%20seja%20devolvido%20à%20montadora. Acesso em 4 mar. 2023.

da Execução. O primeiro questionamento atrela-se ao cumprimento dos requisitos clássicos do título executivo, sejam formais ou substanciais (certeza, liquidez e exigibilidade), à medida que o contrato deixa sua forma estática (hígida) para se tornar dinâmico, a partir da conduta dos contratantes, além da tipicidade do documento, tendo em vista a taxatividade em seu rol no processo brasileiro.

O segundo vincula-se à autorização legal para a prática de atos executivos autônomos. Veja-se que no exemplo do sistema da Ford, a própria empresa detém a tecnologia de controle e, com isso, garante a certificação do inadimplemento, bloqueio e retomada do veículo por meio de direção autônoma. Em teoria, isso se dá sem a possibilidade de contraditório pelo usuário, nem fiscalização do Judiciário, relembrando, de certa forma, a autotutela executiva do Direito Romano. Como orienta o art. 778 do CPC, a execução é promovida pelo credor ao bater as portas do Poder Judiciário, não lhe sendo permitido, salvo por disposição expressa, promover diretamente o ingresso forçado nos bens do devedor.

Sem contar que, muito embora a execução corra no interesse do exequente (art. 797 da lei processual), deverá observar o princípio da menor onerosidade ao devedor, estampado no art. 805 do CPC. Necessita a autoexecução contratual levar em consideração esse princípio? Se sim, há como controlar? São questionamentos que os juristas, especialmente aqueles que atuam com execução e mesmo com novas tecnologias, devem começar a responder, se é que ainda faz sentido falar em menor onerosidade do devedor em um cenário de reiterados casos de frustração da demanda executiva. Mas essa é temática para um próximo artigo.

O tema cujo debate aqui é apenas sumário, sem dúvidas, é instigante e provocador, como não poderia deixar de ser quando tecnologia e processo se tocam. Merece ele novos e aprofundados estudos, com debates objetivando: (a) traçar uma brevíssima linha histórica da evolução do direito contratual até os dias atuais; (b) definir e apontar características do que se entende atualmente por *smart contracts*; (c) identificar o impacto de algumas novas tecnologias no âmbito da Execução; e, por fim, (d) apresentar algumas reflexões iniciais a respeito dos impactos dos *smart contracts* no âmbito da Execução de Título Executivo Extrajudicial. Como é comum ao estudar novas tecnologias, cabe-nos aguardar os próximos passos.

REFERÊNCIAS

FRÖHLICH, Afonso Vinício Kirschner. **Fundamentação das decisões judiciais e inteligência artificial**: uma ressignificação ao direito processual atual e futuro. Londrina: Editora Thoth, 2023.

LAMIN, Jonathan. Não pagou as parcelas? Carro poderá voltar sozinho para a montadora. In Techtudo [S.l], 7 mar. 2023. Disponível em: https://www.techtudo.com.br/noticias/2023/03/nao-pagou-as-parcelas-carro-podera-voltar-sozinho-para-a-montadora-edinfoeletro.ghtml#:~:text=A%20Ford%20patenteou%20um%20sistema,mesmo%20seja%20devolvido%20à%20montadora. Acesso em 4 mar. 2023.

SILVA, Beclaute Oliveira. Contornos da fundamentação no CPC brasileiro de 2015. **Revista Jurídica Luso-Brasileira**, Lisboa, v. 1, n. 1, p. 319-339, jan. 2019. Disponível em: https://www.cidp.pt/publicacao/revista-juridica-lusobrasileira-ano-5-2019-n-1/186. Acesso em: 8 maio 2023.

DIREITO CIVIL E CONTEMPORANEIDADE: NOVAS PERSPECTIVAS E DESAFIOS

CASO LARISSA MANOELA:
A NECESSIDADE DA CRIAÇÃO DE LEGISLAÇÃO ESPECÍFICA PARA GARANTIR O MELHOR INTERESSE PATRIMONIAL DA CRIANÇA E DO ADOLESCENTE

17

Caio César do Nascimento Barbosa[1]
Jéssica Luana de Oliveira Vilaça[2]

Nas últimas semanas, ganhou repercussão nacional uma entrevista concedida pela atriz e influenciadora Larissa Manoela ao programa Fantástico, transmitido pela TV Globo, ocasião em que revelou que seus

---

[1] Sócio Advogado em Raimundo Cândido Júnior Advocacia. Diretor Adjunto do Magis - Portal Jurídico e da Associação Guimarães de Estudos Jurídicos. Pós-Graduando em Direito, Inovação e Tecnologia, pelo Instituto de Ciências Jurídicas Aplicadas e Escola Superior de Advocacia da OAB/MG, em parceria com a Fundação Mineira de Educação e Cultura (FUMEC). Bacharel em Direito, modalidade Integral, pela Escola Superior Dom Hélder Câmara (ESDHC). Colunista da coluna Direito Civil e Contemporaneidade: Novas Perspectivas e Desafios, no Magis - Portal Jurídico. Pesquisador pelo Grupo de Iniciação Científica de estudos sobre a Responsabilidade Civil na contemporaneidade entre 2018-2021, orientado pelo Prof. Dr. Michael César Silva. Alumni da University of Pennsylvania pelo "English Language and US Legal System Program", realizado na Philadelphia (EUA). Autor de artigos na seara da Responsabilidade Civil, Direito Digital e Direito do Consumidor.
[2] Advogada do escritório Pedron Advogados, Especialista em Direito Processual Civil – IEC – PUCMINAS; Especialista em Direito Civil – IEC – PUCMINAS; Membro da Comissão de Direito Processual Civil da OAB/MG (2021); aluna da disciplina isolada de Processo Constitucional no PPGD - PUC MINAS.

pais a mantinham desinformada a respeito da administração das finanças que ela acumulou ao longo de sua carreira[3].

Os pais da atriz, apesar de administrarem seu patrimônio, não permitiam seu domínio financeiro e mantinham um controle extremamente rígido sobre os seus gastos. Quando Larissa resolveu tomar as rédeas da administração da sua vida financeira, foi surpreendida pela resistência implacável e pelas condutas agressivas dos seus pais, que, por meio de pressão psicológica, levaram a atriz a renunciar o valor de 18 milhões de reais.

O caso coloca em debate importantes discussões e análises acerca da temática da violência patrimonial e psicológica no contexto de relações familiares, ressaltando a necessidade de regulamentação específica para proteger crianças e adolescentes que possuem patrimônio administrados por seus genitores.

Um dos instrumentos mais utilizado na atualidade como meios de proteger o patrimônio são as chamadas *holdings familiares*. No caso envolvendo a atriz, a divisão das cotas da *holding* foi feita da seguinte maneira: apenas 2% (dois por cento) das cotas pertenciam a atriz, e os outros 98% (noventa e oito por cento) pertenciam aos pais, que se encontram sob a administração exclusiva dos bens da filha, mesmo após Larissa completar a maioridade e não possuir qualquer impedimento para que ela própria pudesse administrar e se responsabilizar por todos os seus atos civis.

A distribuição desigual das cotas na *holding*, a resistência e a pressão psicológica exercida pelos pais em permitir que a atriz administrasse seus próprios bens, levantaram preocupações sobre abuso de autoridade parental e violência patrimonial[4]. De acordo com a Lei Maria da Penha (11.340/2006), a violência patrimonial é "entendida como qualquer conduta que configure retenção, subtração, destruição parcial ou total de seus objetos, instrumentos de trabalho, documentos

---

[3] **BBC NEWS BRASIL.** Caso Larissa Manoela: Pais são administradores, não donos do dinheiro. Disponível em: https://www.bbc.com/portuguese/articles/c805e41jgedo. Acesso em: 17 ago. 2023.
[4] Grande parte dos bens integralizados na referida *holding* é proveniente dos trabalhos que a atriz realizou na menoridade.

pessoais, bens, valores e direitos ou recursos econômicos, incluindo os destinados a satisfazerem suas necessidades".

Diante do conceito acima, pode-se concluir que a conduta dos pais da atriz em insistir em ficar na administração quase que exclusiva dos bens, se apossando do patrimônio adquirido por ela, são fortes indícios da ocorrência de violência patrimonial. Em um primeiro momento, poder-se-ia pensar que a referida legislação não teria aplicação em face da genitora de Larissa, por se tratar de pessoa do sexo feminino, entretanto, já existem julgados no sentido de que embora o sujeito passivo, ou seja, o alvo de proteção da Lei 11.340 /06, seja a mulher, o sujeito ativo (agressor) pode ser tanto do gênero masculino quanto do feminino, desde que o fato tenha ocorrido em contexto de relação doméstica, familiar ou de afetividade. [5]

Além da violência patrimonial, as condutas dos genitores descritas pela atriz evidenciam também a existência de uma clara violência psicológica diante da pressão dos pais que a levaram a renunciar de parte de seu patrimônio. Já é consolidado na jurisprudência a possibilidade da aplicação da Lei Maria da Penha nos casos em que inexiste vínculo afetivo ou de parentesco. Basta que violência seja praticada contra a mulher, tendo em vista que a sua finalidade é proteger as mulheres de todas as formas de violência, incluindo a familiar e patrimonial.

A análise à luz da Lei Maria da Penha demonstra a relevância de aplicar a legislação de maneira ampla para proteger indivíduos vulneráveis, independentemente do gênero dos agressores. No entanto, a lacuna na legislação ressalta a necessidade de medidas adicionais para proteger menores em situações similares e coibir abusos de autoridade parental, assegurando seu bem-estar financeiro e emocional.

Idealmente, seria que importante a existência de uma legislação específica que conferisse proteção à criança e ao adolescente, que em razão da sua tenra idade, somente passa a ter conhecimento, maturidade e condições para gerir a sua vida financeira na fase adulta, em casos que envolvam a administração de patrimônio e exploração financeira dos genitores de crianças e adolescentes, especialmente se os infantes

---

[5] TJ-MG - **AI: 10079200087645001**. Contagem, Relator: Paula Cunha e Silva, Data de Julgamento: 03/08/2021, Câmaras Criminais / 6ª CÂMARA CRIMINAL, Data de Publicação: 04/08/2021.

estiverem envolvidos no meio artístico, a fim de coibir o exercício abusivo da autoridade parental.

Assim, o caso também chama atenção, dentre muitos aspectos, a respeito dessa ausência de legislação específica que garanta às jovens celebridades uma maior proteção patrimonial relacionada aos ativos financeiros adquiridos durante a menoridade. Cabe destacar que a regra estampada no **artigo 1.689 do Código Civil Brasileiro**[6] dita que incumbe aos pais a administração dos bens de seus filhos menores, sendo qualificados como administradores e usufrutuários.

Tal responsabilidade cessa quando a autoridade parental é extinta e os filhos adquirem plena capacidade civil ao completarem a maioridade. Contudo, após os dezesseis anos, a vontade do menor passa a ser relevante nos atos de gestão, que deverão ser decididos em mútuo acordo. Os responsáveis devem, ainda, preservar o patrimônio, buscando não o onerar ou diminuí-lo[7].

A regra consubstanciada no Código Civil, contudo, não abarca de forma contundente o recente fenômeno dos influenciadores digitais e o *"boom"* das celebridades mirins. Os *influencers* mirins emergem como figuras que, através das plataformas de mídia social, ganham considerável influência sobre o público jovem, desempenhando o papel de criadores de conteúdo dentro desse nicho. Eles oferecem entretenimento, compartilham momentos cotidianos e também promovem produtos e serviços novos, principalmente voltados para o âmbito de brinquedos e jogos.

A visibilidade de tais personalidades trouxe, aos responsáveis legais pelos menores, a possibilidade de empregar esforços com intuito de monetização do conteúdo criado, o que, em alguns casos, gera o abuso do exercício parental, através da difusão excessiva de diversos direitos da personalidade dos infantes, com intuito meramente lucrativo e com

---

[6] BRASIL. **Código Civil - Lei 10.406.** 2002. Disponível em: http://www.planalto.gov.br/ccivil_03/leis/2002/l10406compilada.htm. Acesso em: 15 ago. 2023.

[7] Para maiores aprofundamentos, recomenda-se a leitura de: TRANJAN, Eliette. Usufruto e administração dos bens de filhos menores. **Migalhas.** Disponível em: https://www.migalhas.com.br/depeso/332007/usufruto-e-administracao-dos-bens-de-filhos-menores. Acesso em: 15 ago. 2023.

ativos administrados pelos pais, de forma desarrazoada, a prejudicar o patrimônio constituído pelos menores[8].

É necessário, portanto, que existam regramentos no campo legislativo para resguardar, de forma categórica, o patrimônio formado pelos influenciadores e celebridades antes de completarem a maioridade. Neste sentido, convém salientar que a França, em 2020, se tornou o primeiro país a regulamentar a exploração comercial dos *influencers* mirins (***Lei n.2020-1266***)[9], exigindo que os responsáveis solicitem uma licença junto à entidade governamental responsável para a divulgação de vídeos e conteúdos criados pelos menores nas plataformas digitais. A legislação, inclusive, equiparou os influenciadores às outras celebridades mirins (como atores, atrizes e apresentadores), representando outro avanço na temática.

Ainda, os responsáveis deverão assumir responsabilidade patrimonial pela atividade dos jovens, sendo que a receita auferida através das atividades online deverá ser depositada em uma "espécie de poupança federal (Caisse des Dépôts et consignations), ficando sob vigilância do Estado até que a criança atinja a maioridade ou ainda seja emancipada pelos pais"[10].

A medida se assemelha à proteção norte-americana conhecida como "***Coogan Account***", uma salvaguarda estabelecida por lei no estado

---

[8] Neste sentido, recomenda-se a leitura de: BARBOSA, Caio César do Nascimento; GUIMARÃES, Glayder Daywerth Pereira; SILVA, Michael César. Influenciadores Digitais Mirins E (Over)Sharenting: Uma Abordagem Acerca Da Superexposição De Crianças E Adolescentes Nas Redes Sociais. *In:* TEIXEIRA, Ana Carolina Brochado; FALEIROS JÚNIOR, José Luiz de Moura; DENSA, Roberta (Coords.). **Infância, Adolescência e Tecnologia:** o estatuto da criança e do adolescente na sociedade da informação. Indaiatuba, SP: Editora Foco, 2022.

[9] FRANCE, Assemblée Nationale. **Lei N° 2020-1266.** 2020. Disponível em: https://bit.ly/3LvTbUZ. Acesso em: 17 ago. 2023.

[10] DENSA, Roberta; DANTAS, Cecília. Regulamentação sobre o trabalho dos youtubers mirins na França e no Brasil. **Migalhas.** 2020. Disponível em: https://www.migalhas.com.br/coluna/migalhas-de-responsabilidade-civil/337127/regulamentacao-sobre-o-trabalho-dos-youtubers-mirins-na-franca-e-no-brasil. Acesso em: 15 ago. 2023.

da Califórnia[11], que exige a criação de uma conta fiduciária para artistas infantis envolvidos em atividades profissionais. Nesse arranjo, 15% dos rendimentos brutos da criança são destinados a essa conta até que ela atinja a maioridade[12].

É importante salientar, entretanto, que a atuação dos influenciadores mirins guarda notáveis semelhanças com o trabalho artístico infantil e, nesse sentido, envolveria diversos requisitos para permitir que a criança ou adolescente participe de suas atividades nas plataformas digitais. Especificamente, seria necessário obter um alvará específico emitido por um Juiz da Vara da Infância e da Juventude. Isso garantiria que o desenvolvimento educacional da criança não seja prejudicado, que haja tempo adequado para recreação e também para o acompanhamento psicológico necessário.

Em campo brasileiro, e considerando que casos como o de Larissa Manoela parecem despontar na mídia com rotineira frequência, torna-se imperiosa a necessidade da elaboração de uma legislação específica que garanta ampla proteção patrimonial ao menor envolvido em meio artístico e digital, estabelecendo que determinada porcentagem dos lucros auferidos seja destinado a conta bancária específica até que atinja a maioridade.

A medida visaria resguardar o abuso parental, na seara financeira, conferindo um reforço jurídico à regra geral estampada no Código Civil Brasileiro, ante ao vácuo legislativo específico para o regramento do tema.

Neste sentido, o ordenamento jurídico pátrio reconhece a hipervulnerabilidade do público infantojuvenil e estabelece que a proteção dos infantes deve ser preservada em sua máxima amplitude, de modo em que a salvaguarda do patrimônio dos menores considerados "celebridades" alcançaria o pluralismo constitucional estabelecido pelo

---

[11] Os estados de Nova York, Illinois, Kansas, Louisiana, Nevada, Novo Mexico, North Carolina, Pennsylvania e Tennessee também promulgaram leis semelhantes à do estado da Califórnia.

[12] No entanto, é relevante destacar que a lei abrange atualmente somente os artistas "convencionais" (como atores, cantores e atletas), não incluindo os influenciadores mirins.

artigo 227[13]. O princípio do melhor interesse da criança, assim, se perfaz como a palavra de ordem na temática, devendo ser obedecido rigorosamente.

REFERÊNCIAS

BARBOSA, Caio César do Nascimento; GUIMARÃES, Glayder Daywerth Pereira; SILVA, Michael César. Influenciadores Digitais Mirins E (Over)Sharenting: Uma Abordagem Acerca Da Superexposição De Crianças E Adolescentes Nas Redes Sociais. *In:* TEIXEIRA, Ana Carolina Brochado; FALEIROS JÚNIOR, José Luiz de Moura; DENSA, Roberta (Coords.). **Infância, Adolescência e Tecnologia:** o estatuto da criança e do adolescente na sociedade da informação. Indaiatuba, SP: Editora Foco, 2022.

BBC NEWS BRASIL. Caso Larissa Manoela: Pais são administradores, não donos do dinheiro. Disponível em: https://www.bbc.com/portuguese/articles/c805e41jgedo. Acesso em: 17 ago. 2023.

BRASIL. **Constituição da República Federativa do Brasil.** 1988. Disponível em: http://www.planalto.gov.br/ccivil_03/constituicao/constituicao.htm. Acesso em: 18 ago. 2023.

BRASIL. **Código Civil - Lei 10.406.** 2002. Disponível em: http://www.planalto.gov.br/ccivil_03/leis/2002/l10406compilada.htm. Acesso em: 15 ago. 2023.

DENSA, Roberta; DANTAS, Cecília. Regulamentação sobre o trabalho dos youtubers mirins na França e no Brasil. **Migalhas.** 2020. Disponível em: https://www.migalhas.com.br/coluna/migalhas-de-responsabilidade-civil/337127/regulamentacao-sobre-o-trabalho-dos-youtubers-mirins-na-franca-e-no-brasil. Acesso em: 15 ago. 2023.

---

[13] BRASIL. **Constituição da República Federativa do Brasil.** 1988. Disponível em: http://www.planalto.gov.br/ccivil_03/constituicao/constituicao.htm. Acesso em: 18 ago. 2023.

FRANCE, Assemblée Nationale. **Lei N°** **2020-1266**. 2020. Disponível em: https://bit.ly/3LvTbUZ. Acesso em: 17 ago. 2023.

TJ-MG - **AI: 10079200087645001**. Contagem, Relator: Paula Cunha e Silva, Data de Julgamento: 03/08/2021, Câmaras Criminais / 6ª CÂMARA CRIMINAL, Data de Publicação: 04/08/2021.

TRANJAN, Eliette. Usufruto e administração dos bens de filhos menores. **Migalhas.** Disponível em: https://www.migalhas.com.br/depeso/332007/usufruto-e-administracao-dos-bens-de-filhos-menores. Acesso em: 15 ago. 2023.

www.ingramcontent.com/pod-product-compliance
Lightning Source LLC
Chambersburg PA
CBHW070009300526
45794CB00001B/255